5年

実力アップ

英語練習ノート

ふろく英語カードの練習ができる!

年　　組　　名前

「英語練習ノート」はとりはずして使用できます。

Ⓐ

1 家族 ①

読みながらなぞって、もう１回書きましょう。

①

family
家族

family
r ではなく l だよ。
family

②

father
お父さん

father
father

③

mother
お母さん

mother
a ではなく o だよ。
mother

④

brother
お兄さん、弟

brother
brother

⑤

sister
お姉さん、妹

sister
a ではなく e だよ。
sister

2 家族 ②／食べ物・飲み物 ①

読みながらなぞって、もう１回書きましょう。

⑥

grandfather
おじいさん

grandfather

aではなくeだよ。

⑦

grandmother
おばあさん

grandmother

⑧

curry and rice
カレーライス

curry and rice

⑨

steak
ステーキ

steak

steak

⑩

hot dog
ホットドッグ

hot dog

間を少しあけるよ。

hot dog

3 食べ物・飲み物 ②

読みながらなぞって、もう１回書きましょう。

⑪

spaghetti
スパゲッティ

spaghetti

h をわすれずに！

⑫

French fries
フライドポテト

French fries

⑬

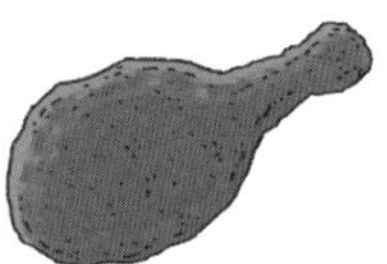

fried chicken
フライドチキン

fried chicken

i ではなく e だよ。

⑭

grilled fish
焼き魚

grilled fish

⑮

rice ball
おにぎり

rice ball

rice ball

4 食べ物・飲み物 ③ / 楽器 ①

読みながらなぞって、もう１回書きましょう。

⑯

noodle
めん

noodle

n を２つ重ねるよ。

noodle

⑰

parfait
パフェ

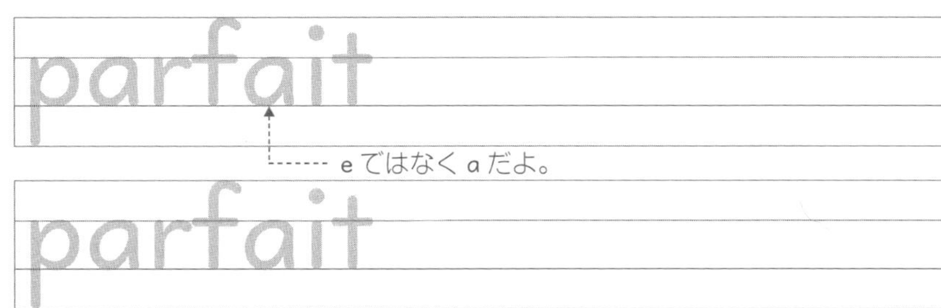

parfait

e ではなく a だよ。

parfait

⑱

soda
ソーダ

soda

soda

⑲

piano
ピアノ

piano

piano

⑳

recorder
リコーダー

recorder

a ではなく e だよ。

5 楽器 ②／スポーツ ①

読みながらなぞって、もう１回書きましょう。

㉑

guitar
ギター

guitar

u をわすれずに！

guitar

㉒

violin
バイオリン

violin

violin

㉓

drum
太鼓（たいこ）

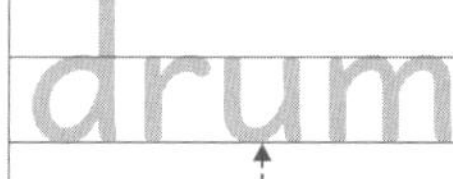

drum

a ではなく u だよ。

drum

㉔

sport
スポーツ

sport

sport

㉕

volleyball
バレーボール

volleyball

6 スポーツ ②／身の回りの物 ①

読みながらなぞって、もう１回書きましょう。

㉖

table tennis
卓球

table tennis

e ではなく a だよ。

㉗

badminton
バドミントン

badminton

㉘

dodgeball
ドッジボール

dodgeball

l を２つ重ねるよ。

㉙

basket
かご

basket

basket

㉚

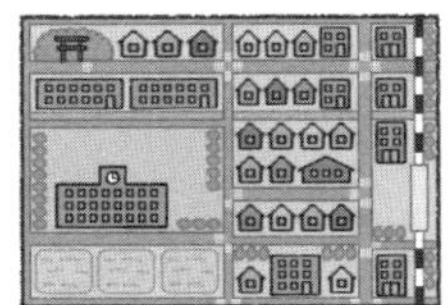

map
地図

map

map

7 身の回りの物 ②

読みながらなぞって、もう1回書きましょう。

㉛
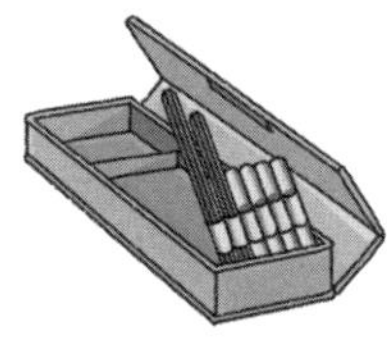
pencil case
筆箱

pencil case

kではなくcだよ。

㉜

ball
ボール

ball

ball

㉝
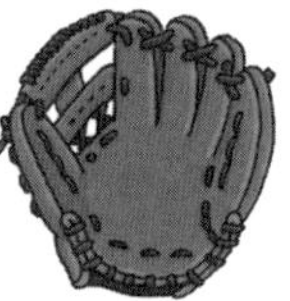
glove
グローブ

glove

rではなくlだよ。

glove

㉞

chair
いす

chair

chair

㉟

clock
かけ時計、置き時計

clock

clock

8 身の回りの物 ③ / 教科 ①

読みながらなぞって、もう１回書きましょう。

㊱

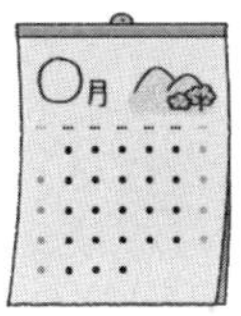

calendar
カレンダー

calendar

㊲

computer
コンピューター

computer

a ではなく e だよ。

㊳

sofa
ソファー

sofa

sofa

㊴

subjects
教科

subjects

subjects

㊵

Japanese
国語

Japanese

i ではなく e だよ。

9 教科 ②

読みながらなぞって、もう１回書きましょう。

㊶

math
算数

math

math

㊷

science
理科

science

c をわすれずに！

science

㊸

social studies
社会科

social studies

a ではなく u だよ。

㊹

English
英語

English

いつも大文字で始めるよ。

English

㊺

P.E.
体育

P.E.

P.E.

10 教科 ③

読みながらなぞって、もう 1 回書きましょう。

㊻

music
音楽

music
kではなく c だよ。
music

㊼
arts and crafts
図画工作

arts and crafts

㊽

home economics
家庭科

home economics

㊾
calligraphy
書写

calligraphy
l を 2 つ重ねるよ。

11 曜日 ①

読みながらなぞって、もう１回書きましょう。

㊿

Sunday
日曜日

Sunday
a ではなく u だよ。
Sunday

(51)

Monday
月曜日

Monday
曜日は大文字で書き始めるよ。
Monday

(52)

Tuesday
火曜日

Tuesday
e をわすれずに！
Tuesday

(53)

Wednesday
水曜日

(54)

Thursday
木曜日

Thursday
e ではなく a だよ。

12 曜日 ②／時を表すことば

読みながらなぞって、もう１回書きましょう。

55

Friday

金曜日

Friday

Friday

56

Saturday

土曜日

Saturday

a ではなく u だよ。

57

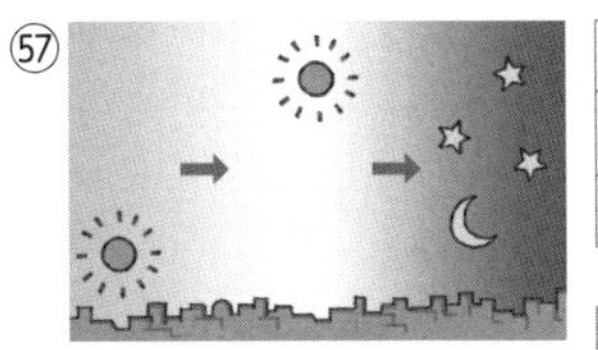

day

日、１日

day

day

58

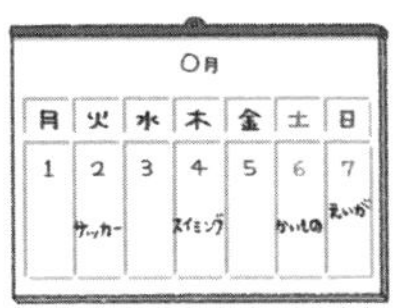

week

週

week

e を２つ重ねるよ。

week

59

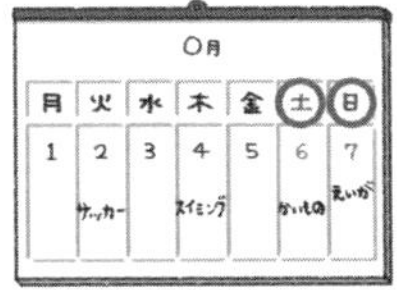

weekend

週末

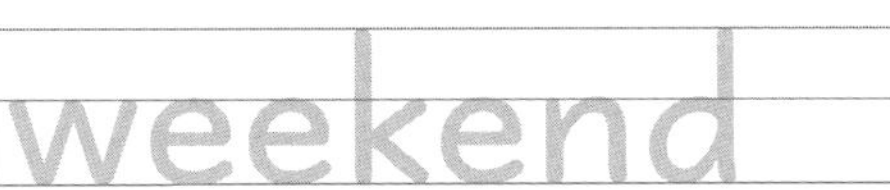

weekend

13 季節

読みながらなぞって、もう１回書きましょう。

⑥⓪

season
季節

season
uではなくoだよ。
season

⑥①

spring
春

spring
spring

⑥②

summer
夏

summer
mを２つ重ねるよ。
summer

⑥③

fall
秋

fall
oではなくaだよ。
fall

⑥④

winter
冬

winter
winter

14 月 ①

読みながらなぞって、もう１回書きましょう。

65

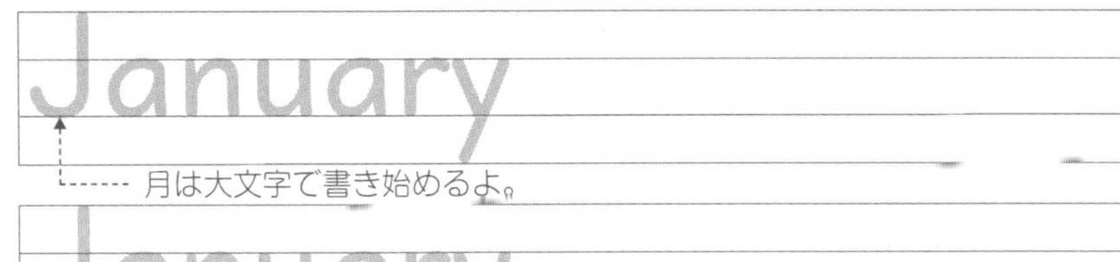

月は大文字で書き始めるよ。

January

１月

66

February

２月

67

March

３月

68

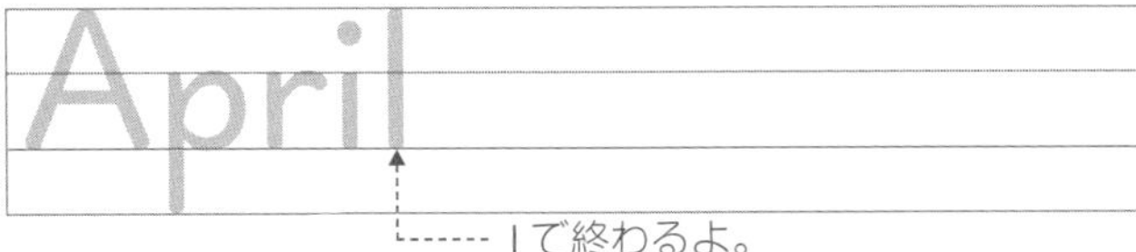

l で終わるよ。

April

４月

15 月 ②

読みながらなぞって、もう１回書きましょう。

⑥⑨

May

５月

May

eではなくaだよ。

May

⑦⓪

June

６月

June

June

⑦①

July

７月

July

rではなくlだよ。

July

⑦②

August

８月

August

August

●勉強した日　　月　　日

16 月 ③

読みながらなぞって、もう１回書きましょう。

⑬

September

９月

September

9月から12月はberで終わるよ。

⑭

October

10月

October

October

⑮

November

11月

November

nではなくmだよ。

⑯

December

12月

December

●勉強した日　　月　　日

17 職業 ①

読みながらなぞって、もう 1 回書きましょう。

⑦⑦ → ⑰

77

teacher

teacher

a をわすれずに！

teacher

先生

78

student

student

student

生徒、学生

79

baseball player

baseball player

野球選手

80

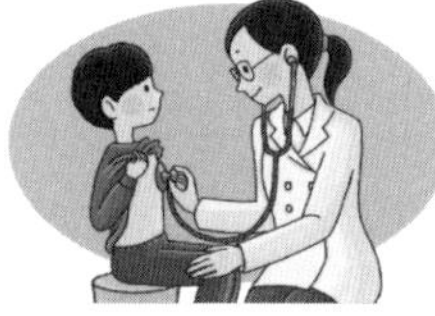

doctor

a ではなく o だよ。

doctor

doctor

医者

81

nurse

nurse

nurse

看護師

18 職業（しょくぎょう）②

読みながらなぞって、もう１回書きましょう。

82

police officer
警察官（けいさつかん）

police officer

83

fire fighter
消防士（しょうぼうし）

fire fighter

84

florist
生花店の店員

florist
florist

85

baker
パン焼き職人（しょくにん）

baker
erで終わるよ。
baker

86

farmer
農場主

farmer
farmer

19 職業（しょくぎょう） ③

読みながらなぞって、もう１回書きましょう。

⑧⑦

bus driver

バスの運転手

bus driver

⑧⑧

pilot

パイロット

pilot

r ではなく l だよ。

pilot

⑧⑨

singer

歌手

singer

singer

⑨⓪

programmer

プログラマー

programmer

⑨①

actor

俳優（はいゆう）、役者

actor

a ではなく o だよ。

actor

20 施設（しせつ）・建物 ①

読みながらなぞって、もう１回書きましょう。

㉒

house
家

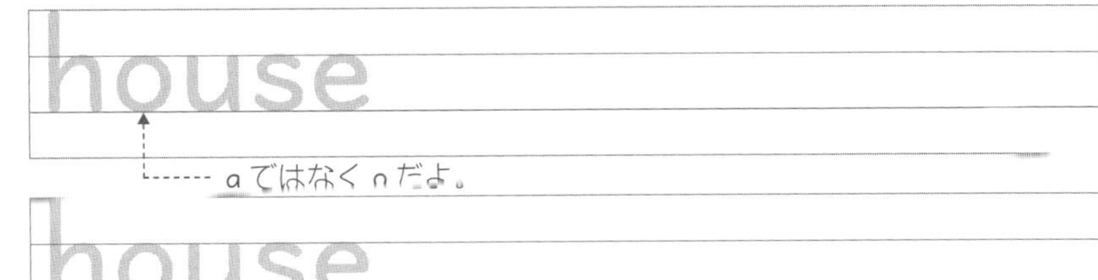

house
house
aではなくoだよ。

㉓

school
学校

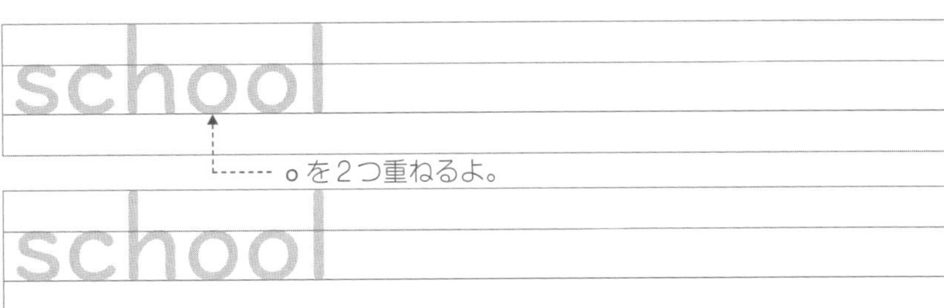

school
school
oを２つ重ねるよ。

㉔
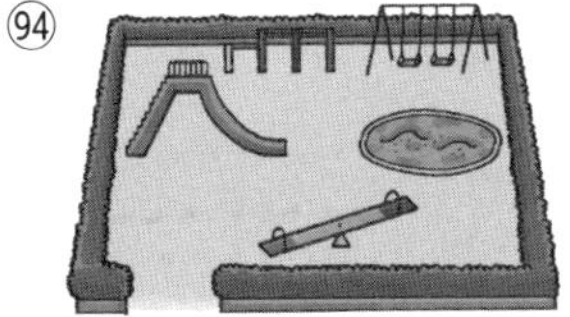

park
公園

park
park

㉕

shop
店

shop
shop

㉖

library
図書館

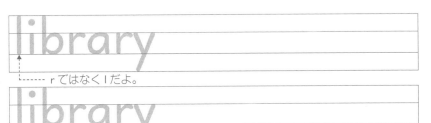

library
rではなくlだよ。
library

21 施設(しせつ)・建物 ②

読みながらなぞって、もう１回書きましょう。

97

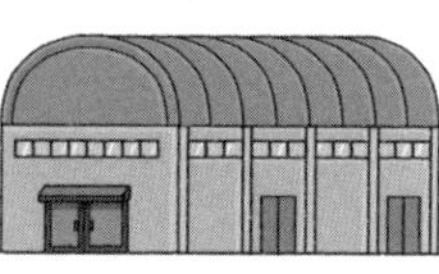

gym
体育館

gym

i ではなく y だよ。

gym

98

restaurant
レストラン

restaurant

99

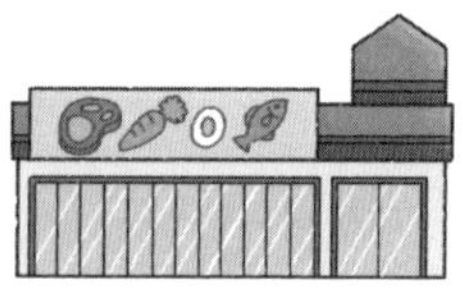

supermarket
スーパーマーケット

supermarket

a ではなく e だよ。

100

station
駅

station

station

101

police station
警察署(けいさつしょ)

police station

22 施設(しせつ)・建物 ③

読みながらなぞって、もう 1 回書きましょう。

⑩②

fire station
消防署(しょうぼうしょ)

fire station

e をわすれずに！

⑩③

gas station
ガソリンスタンド

gas station

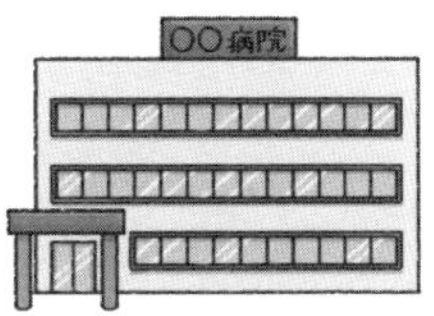

hospital
病院

hospital

hospital

⑩⑤

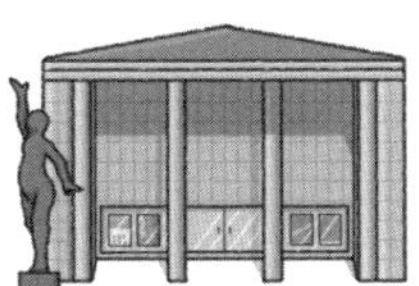

museum
美術館(びじゅつかん)、博物館

museum

a ではなく u だよ。

museum

⑩⑥

post office
郵便局(ゆうびんきょく)

post office

23 施設(しせつ)・建物 ④

読みながらなぞって、もう１回書きましょう。

⑩⑦

bus stop
バス停(てい)

bus stop

aではなくuだよ。

⑩⑧

flower shop
生花店、花屋さん

flower shop

⑩⑨
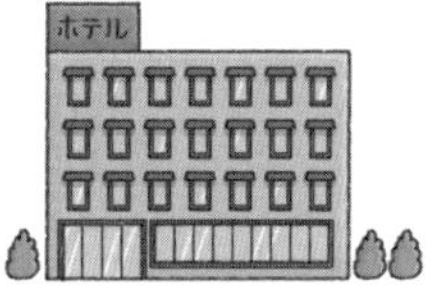

hotel
ホテル

hotel

hotel

⑪⓪

farm
農場

farm

rをわすれずに！

farm

24 様子・状態(じょうたい)を表すことば ①

読みながらなぞって、もう１回書きましょう。

⑪

big
大きい

big
big

⑫

small
小さい

small
lを２つ重ねるよ。
small

⑬

long
長い

long
long

⑭

short
短い

short
rをわすれずに！
short

25 様子・状態(じょうたい)を表すことば ②

読みながらなぞって、もう１回書きましょう。

⑮

new
新しい

new
new

⑯

old
古い

old
old

⑰

kind
親切な

kind
kind

⑱

cool
かっこいい

cool
o を２つ重ねるよ。
cool

⑲

famous
有名な

famous
a ではなく o だよ。
famous

26 様子・状態(じょうたい)を表すことば ③

読みながらなぞって、もう１回書きましょう。

⑳

strong
強い

strong
strong

(121)

active
活動的な

active
e をわすれずに！
active

(122)

smart
利口な

smart
smart

(123)

cute
かわいい

cute
o ではなく e だよ。
cute

(124)

friendly
友好的な

friendly
r ではなく l だよ。
friendly

27 動作を表すことば ①

読みながらなぞって、もう1回書きましょう。

125

play
（スポーツなどを）する、
演奏(えんそう)する

play
rではなくlだよ。
play

126

have
ある、持っている

have
have

127

like
好きである

like
like

128

want
ほしい

want
want

129

eat
食べる

eat
つづりのまちがいに気をつけよう。
eat

28 動作を表すことば ②

読みながらなぞって、もう１回書きましょう。

130

walk
歩く

walk
walk

131

run
走る

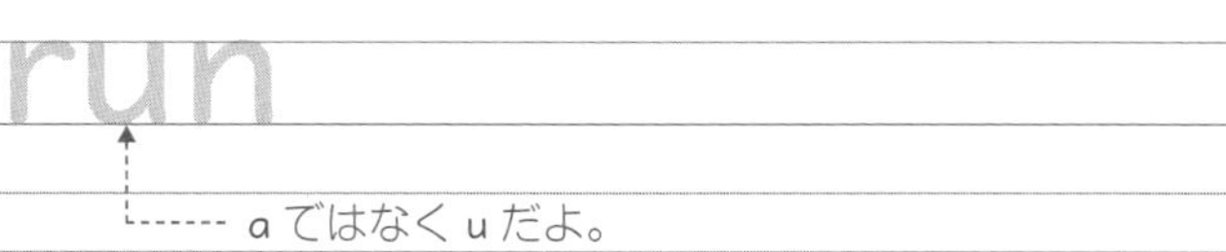
run
aではなくuだよ。
run

132

jump
跳ぶ

jump
jump

133

speak
話す

speak
speak

134

see
見る、見える

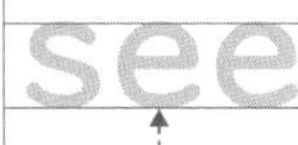
see
eを２つ重ねるよ。
see

29 動作を表すことば ③

読みながらなぞって、もう１回書きましょう。

⑬⑤

sing
歌う

sing
sing

⑬⑥

dance
踊（おど）る

dance
sではなくcだよ。
dance

⑬⑦

cook
料理をする

cook
cook

⑬⑧

buy
買う

buy
aではなくuだよ。
buy

⑬⑨

help
手伝う

help
help

30 動作を表すことば ④ / 日課 ①

読みながらなぞって、もう１回書きましょう。

140

ski

スキーをする

141

skate

スケートをする

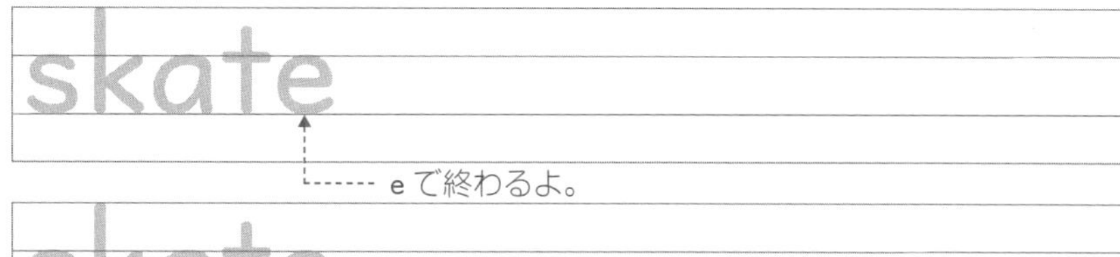

142

fly

飛ぶ

143

get up

起きる

get up

間をあけるよ。

get up

144

go to school

学校へ行く

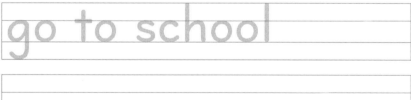

go to school

31 日課 ②

読みながらなぞって、もう１回書きましょう。

(145)

go home
家へ帰る

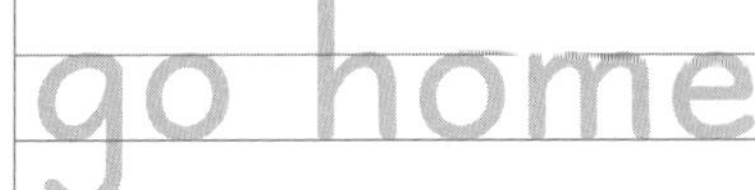

go home

go home

(146)

do my homework
宿題をする

do my homework

u ではなく o だよ。

(147)

watch TV
テレビを見る

watch TV

(148)

take a bath
風呂（ふろ）に入る

take a bath

e で終わるよ。

(149)

go to bed
ねる

go to bed

教科書ワーク

答えとてびき

「答えとてびき」は、
とりはずすことが
できます。

啓林館版

英語5年

使い方

まちがえた問題は、もう一度よく読んで、なぜまちがえたのかを考えましょう。音声を聞きなおして、あとに続いて言ってみましょう。

Pre Unit

16ページ 聞いて練習のワーク

❶ (1) (2) (3) (4)

❷ (1) リク　(2) ナオ　(3) マユミ　(4) ジュン

てびき

❶ I like ～. は「わたしは～が好きです」という意味です。like のあとのことばに注意して聞きましょう。

(1) アオイはイチゴ、(2) ナオトはくろ、(3) ルリコはバナナ、(4) サトルはトラが好きだと言っています。

❷ How do you spell your name? は「あなたの名前はどうつづりますか」という意味です。答えるときは、アルファベットをつづりの順に言います。

読まれた英語

❶ (1) I'm Aoi. I like strawberries.
(2) I'm Naoto. I like black.
(3) I'm Ruriko. I like bananas.
(4) I'm Satoru. I like tigers.

❷ (1) How do you spell your name?
— R-i-k-u. Riku.
(2) How do you spell your name?
— N-a-o. Nao.
(3) How do you spell your name?
— M-a-y-u-m-i. Mayumi.
(4) How do you spell your name?
— J-u-n. Jun.

17ページ まとめのテスト

1 (1) サッカー　(2) 水泳　(3) あか　(4) ウサギ

2 (1) I'm Ken.

(2) I like cats.

(3) How do you spell your name?

てびき **1** ほかにも cherry（サクランボ）、cat（ネコ）、black（くろ）なども覚えておきましょう。

2 (1)「わたしは～です」と自分の名前を言うときは I'm ～. と言います。

(3) How do you spell your name? とたずねられたら、T-o-m-o-k-o. のように、自分の名前をアルファベットのつづりの順に言います。

Unit 1

28ページ 聞いて練習のワーク

1 (1) ○　(2) ○　(3) ×　(4) ×

2

	名　前	教科名	好きな理由
(1)	Toru	(国語[日本語])	(イ)
(2)	Makiko	(音楽)	(ア)
(3)	Daichi	(体育)	(ウ)

てびき **1** (1) (2) I have ～ today. は「今日はわたしは～があります」という意味です。have のあとの教科名に注意して聞きましょう。

(3) (4) I have ... on ～. は、「わたしは～曜日には…があります」という意味です。(3) は「わたしは火曜日には算数があります」、(4) は「わたしは金曜日には社会科があります」という意味です。

2 What subject do you like? は「あなたは何の教科が好きですか」という意味です。I like ～.（わたしは～が好きです）と答えます。そのあとに It's fun.（それは楽しいです）、It's interesting.（それはおもしろいです）、It's exciting.（それはわくわくします）などと好きな理由を付け加えます。

読まれた英語

1 (1) I have English today.

(2) I have home economics today.

(3) I have math on Tuesday.

(4) I have social studies on Friday.

2 (1) What subject do you like, Toru?

— I like Japanese. It's interesting.

(2) What subject do you like, Makiko?

— I like music. It's fun.

(3) What subject do you like, Daichi?

— I like P.E. It's exciting.

29ページ まとめのテスト

1 (1) 定規　(2) のり　(3) 木曜日
(4) 道徳　(5) 書道

2 (1) science

(2) scissors

(3) What

(4) Wednesday

てびき

1 定規、のり以外の文房具の名前も覚えておきましょう。
scissors（はさみ）、magnet（磁石）、brush（筆）など。

2 (1) 理科以外の教科の名前も覚えておきましょう。social studies（社会科）、moral education（道徳）、P.E.（体育）など。
(2) そのほかに jump rope（なわとびのなわ）、recorder（リコーダー）なども覚えておきましょう。
(3) what は「何」という意味です。What subject do you like? に答えるときは、I like ～.（わたしは～が好きです）と言います。
(4) 曜日名は正確に覚えておきましょう。
「月曜日」は Monday、「火曜日」は Tuesday、「水曜日」は Wednesday、「木曜日」は Thursday、「金曜日」は Friday、「土曜日」は Saturday、「日曜日」は Sunday です。

36ページ 聞いて練習のワーク

1

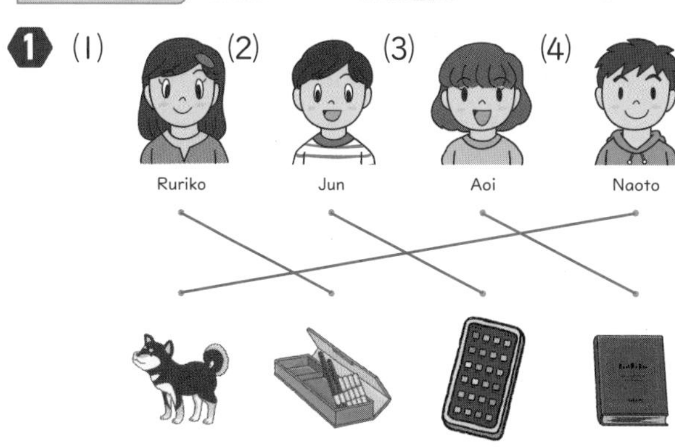

2

	名　前	誕生日	ほしいもの
(1)	Hitoshi	11月（11）日	（ ウ ）
(2)	Yuji	（8）月18日	（ イ ）
(3)	Kento	4月（24）日	（ ア ）

てびき

1 I want ～. は「わたしは～がほしいです」という意味です。want のあとのことばに注意して聞きましょう。
(1) ルリコは筆箱、(2) ジュンはスマートフォン、(3) アオイは本、(4) ナオトはイヌがほしいと言っています。

2 When's your birthday? は「あなたの誕生日はいつですか」という意味です。My birthday is 〈月＋日〉. で答えます。What do you want for your birthday? は「あなたは誕生日に何がほしいですか」という意味です。I want ～.（わたしは～がほしいです）と、「～」にほしいものを入れて答えます。

読まれた英語

1 (1) I'm Ruriko.　I want a pencil case.
(2) I'm Jun.　I want a smartphone.
(3) I'm Aoi.　I want a book.
(4) I'm Naoto.　I want a dog.

2 (1) When's your birthday, Hitoshi?
— My birthday is November 11th.
What do you want for your birthday?
— I want gloves.

(2) When's your birthday, Yuji?
— My birthday is August 18th.
What do you want for your birthday?
— I want a computer game.

(3) When's your birthday, Kento?
— My birthday is April 24th.
What do you want for your birthday?
— I want a soccer ball.

37ページ まとめのテスト

1 (1) 1月
(2) 5月
(3) 10月
(4) 12月
(5) 2月

2 (1) When's
(2) June
(3) What
(4) bag

てびき

1 そのほかの月の名前も覚えておきましょう。
March (3月)、April (4月)、June (6月)、July (7月)、August (8月)、September (9月)、November (11月)

2 (1)「いつ」と日にちをたずねるときには、when を使います。when's は when is をちぢめた形です。
(2)「わたしの誕生日(たんじょうび)は～です」は、My birthday is ～. と言います。「6月」は June と言います。
(3)「何」とたずねるときには、what を使います。
(4)「わたしは～がほしいです」は、I want ～. と言います。「かばん」は bag と言います。

Unit 3

46ページ 聞いて練習のワーク

❶ (1) ○　(2) ×　(3) ×　(4) ×

❷ (1) 6:30　(2) 7:00
(3) 5:15　(4) 8:00
(5) 9:50

てびき
❶ 〈at ＋時こく〉で「〜時に」という意味になります。(1) eat breakfast は「朝食を食べる」、(2) go to school は「学校に行く」、(3) play basketball は「バスケットボールをする」、(4) do my homework は「(わたしの) 宿題をする」という意味です。
❷ What time do you 〜? は「あなたは何時に〜しますか」という意味です。この質問には I 〜 〈at ＋時こく〉. と答えます。at のあとにくる時こくに注意して聞きましょう。

読まれた英語

❶ (1) I eat breakfast at seven.
(2) I go to school at seven thirty.
(3) I play basketball at four.
(4) I do my homework at eight.

❷ (1) What time do you get up?
— I get up at six thirty.
(2) What time do you eat breakfast?
— I eat breakfast at seven.
(3) What time do you walk the dog?
— I walk the dog at five fifteen.
(4) What time do you eat dinner?
— I eat dinner at eight.
(5) What time do you go to bed?
— I go to bed at nine fifty.

47ページ まとめのテスト

1 (1) read a book
(2) brush my teeth
(3) take out the garbage
(4) water the flowers

2 (1) What time do you feed the dog?
(2) I always clean my room.

てびき
1 eat dinner は「夕食を食べる」、wash the dishes は「食器をあらう」という意味です。
2 (1)「あなたは何時に〜しますか」は What time do you 〜? で表します。get home は「家に着く」という意味です。
(2)「毎回」は always と言います。sometimes は「ときどき」、walk the dog は「イヌの散歩をする」という意味です。

Unit 4

56ページ 聞いて練習のワーク

1 (1) ア　(2) ア

2

	名　前	できること	できないこと
(1)	Satoru	（　泳ぐこと　）	（　料理すること　）
(2)	Emi	（スキーをすること）	（しょうぎをすること）
(3)	Ken	（ギターをひくこと）	（　泳ぐこと　）
(4)	Yuki	（ピアノをひくこと）	（　速く走ること　）
(5)	Taku	（　上手に歌うこと　）	（スケートをすること）

てびき

1 He[She] can ～. は「かれ［かの女］は～することができます」という意味です。can のあとのことばに注意して聞きましょう。

2 Can you ～? は「あなたは～することができますか」という意味です。できるときは Yes, I can.（はい、できます）、できないときは No, I can't.（いいえ、できません）と答えます。

読まれた英語

1 (1) This is Megumi. She can ride a bicycle.
(2) This is Kenji. He can play the recorder.

2 (1) Satoru, can you swim?
— Yes, I can.
Can you cook?
— No, I can't.
(2) Emi, can you ski?
— Yes, I can.
Can you play *shogi*?
— No, I can't.
(3) Ken, can you swim?
— No, I can't.
Can you play the guitar?
— Yes, I can.
(4) Yuki, can you play the piano?
— Yes, I can.
Can you run fast?
— No, I can't.
(5) Taku, can you skate?
— No, I can't.
Can you sing well?
— Yes, I can.

57ページ まとめのテスト

1 (1) can　(2) can't
(3) Can　(4) This

2 (1) Yes, I can.
(2) No, I can't.
(3) Yes, I can.

てびき

1 (1)「わたしは～することができます」は I can ～. と言います。
(2)「かれは～することができません」は He can't ～. と言います。
(3)「あなたは～することができますか」は Can you ～? と言います。
(4)「こちらは～です」は This is ～. と言います。

2 (1)「あなたはメロディカをひくことができますか」という意味です。
(2)「あなたはバドミントンをすることができますか」という意味です。
(3)「あなたはスケートをすることができますか」という意味です。

Unit 5

66ページ 聞いて練習のワーク

1 (1) ア　(2) イ

2

	名前	関係	とくちょう
(1)	Emi	(イ)	(親しみやすい)
(2)	Yuji	(ア)	(かしこい)
(3)	Maya	(ウ)	(かわいい)

てびき 1 ... is good at ～. は「…は～が得意(とくい)です」という意味です。at のあとのことばに注意して聞きましょう。
読み上げられた英文の意味は以下の通りです。
(1)「ハルコはスキーをすることが得意です」
(2)「アヤは料理することが得意ではありません」
2 しょうかいしている人との関係は、2つ目の文 She's[He's] my のあとのことばに注意して聞きましょう。とくちょうは、3つ目の文 She's[He's] のあとのことばに注意して聞きましょう。

読まれた英語

1 (1) Haruko is good at skiing.
(2) Aya is not good at cooking.

2 (1) Who's this?
— This is Emi.
She's my sister.
She's friendly.
(2) Who's this?
— This is Yuji.
He's my brother.
He's smart.
(3) Who's this?
— This is Maya.
She's my cousin.
She's cute.

67ページ まとめのテスト

1 (1) 祖父母(そふぼ)　(2) かっこいい　(3) 母親
(4) 強い　(5) 親切な

2 (1) Who's
(2) funny
(3) aunt
(4) at

てびき 1 (1)(3) ほかにも grandfather (祖父(そふ))、grandmother (祖母(そぼ))、parents (両親)、father (父親) なども覚えておきましょう。
(2)(4)(5) 人のとくちょうを表すことばはたくさんあります。brave (勇敢(ゆうかん)な)、friendly (親しみやすい)、cheerful (元気のある、明るい)、smart (かしこい)、cute (かわいい) なども覚えておきましょう。
2 (1)「～はだれですか」とたずねるときは、Who's ～? と言います。
(2)「おもしろい」は funny です。
(3)「おば」は aunt です。
(4)「…は～が得意です」は、... is good at ～. で表します。ここでは He is をちぢめた形 He's が使われています。

Unit 6

78ページ 聞いて練習のワーク

1 (1) ○ (2) × (3) ○ (4) ×

2

	注文したもの	金 額
(1)	(スパゲッティ)	(イ)
(2)	(コーヒー)	(ア)
(3)	(オレンジジュース)	(ウ)

てびき

1 (1) delicious(とてもおいしい)
(2) sweet(あまい)
(3) sour(すっぱい)
(4) salty(塩からい)
「それは～です」と味を言うときは、It's ～. と言います。(2) の絵は hot (からい)、(4) の絵は sweet (あまい) です。

2 What would you like? は「何になさいますか」、How much is it? は「それはいくらですか」という意味です。注文したものは I'd like のあとのことばを聞き取りましょう。金額(きんがく)は It's のあとの数字に注意して聞きましょう。

読まれた英語

1 (1) It's delicious.
(2) It's sweet.
(3) It's sour.
(4) It's salty.

2 (1) A: What would you like?
B: I'd like spaghetti.
How much is it?
A: It's one thousand two hundred and fifty yen.
(2) A: What would you like?
B: I'd like coffee.
How much is it?
A: It's four hundred and twenty yen.
(3) A: What would you like?
B: I'd like orange juice.
How much is it?
A: It's three hundred and sixty yen.

79ページ まとめのテスト

1 (1) パン (2) ケーキ
(3) 焼き魚 (4) プリン
(5) サラダ

2 (1) is
(2) would
(3) I'd
(4) much

てびき

1 食べものを表すことばはほかにもたくさんあります。steak (ステーキ)、fried chicken (フライドチキン)、omelet (オムレツ)、rice (米、ごはん)、hot dog (ホットドッグ)、parfait (パフェ)、yogurt (ヨーグルト) なども覚えておきましょう。

2 (1)「～はいかがですか」は How is ～? と言います。
(2)「何になさいますか」は What would you like? と言います。
(3)「～をお願いします」は I'd like ～. と言います。ほしいものは I want ～. で表すこともできますが、I'd like ～. のほうがていねいです。
(4)「それはいくらですか」は How much is it? と言います。is it を省いて How much? とだけ言うこともあります。

Unit 7

94ページ 聞いて練習のワーク

1 (1) × (2) ○ (3) × (4) ○
2 (1) ウ (2) イ (3) エ (4) ア

てびき
1 (1) on は「～の上に」という意味です。
(2) by は「～のそばに」という意味です。
(3) next to は「～のとなりに」という意味です。
(4) between A and B は「A と B の間に」という意味です。between と and のあとのことばに注意して聞きましょう。
2 道をたずねるときは Where's ～?（～はどこですか）と言います。Go straight. は「まっすぐ行ってください」、Turn right [left] at ～. は「～を右［左］に曲がってください」、It's on your right [left]. は「それはあなたの右［左］側にあります」という意味です。

読まれた英語

1 (1) The cat is on the chair.
(2) The bed is by the window.
(3) The bookstore is next to the restaurant.
(4) The bank is between the cake shop and the coffee shop.
2 (1) Where's the bookstore?
— Go straight. Turn right at the police station. It's on your left.
(2) Where's the restaurant?
— Go straight. Turn left at the park. It's on your right.
(3) Where's the post office?
— Go straight. Turn right at the hospital. It's on your left.
(4) Where's the flower shop?
— Go straight. Turn left at the park. It's on your left.

95ページ まとめのテスト

1 (1) 小学校 (2) 消しゴム
(3) デパート (4) 図書館
(5) 駅

2 (1) Where's
(2) Go
(3) right
left

てびき
1 建物や店を表すことばは、ほかにもたくさんあるので覚えておきましょう。「病院」は hospital、「銀行」は bank、「郵便局（ゆうびんきょく）」は post office、「スーパーマーケット」は supermarket、「警察署（けいさつしょ）」は police station、「消防署（しょうぼうしょ）」は fire station、「書店」は bookstore、「生花店、花屋」は flower shop です。
2 (1)「～はどこですか」は Where's ～? と言います。When's ～? は「～はいつですか」という意味です。
(2)「まっすぐ行ってください」は Go straight. と言います。
(3)「右（に）」は right、「左（に）」は left です。

Unit 8

102ページ 聞いて練習のワーク

1 (1) (2) (3) (4)

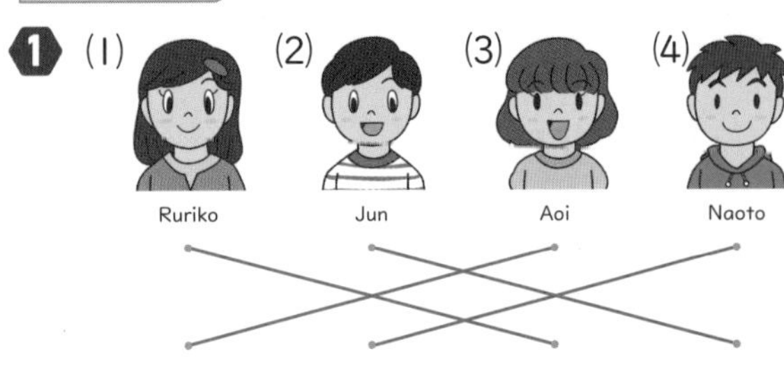

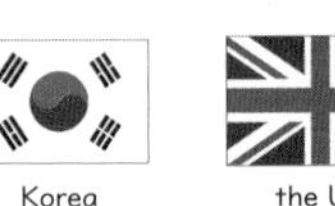

2

	名 前	国 名	できること
(1)	Sakura	(スペイン)	(イ)
(2)	Yota	(イタリア)	(ア)
(3)	Misa	(インド)	(ウ)

てびき

1 Where do you want to go? は「あなたはどこへ行きたいですか」、I want to go to ～. は「わたしは～へ行きたいです」という意味です。to のあとの国名に注意して聞きましょう。

2 (1) Let's go to ～. は「～へ行きましょう」、We can ～. は「わたしたちは～することができます」という意味です。Let's ～. (～しましょう) のさそいに応じるときは、Yes, let's. (はい、そうしましょう) と答えます。

読まれた英語

1 (1) Where do you want to go, Ruriko?
— I want to go to the UK.
(2) Where do you want to go, Jun?
— I want to go to Brazil.
(3) Where do you want to go, Aoi?
— I want to go to France.
(4) Where do you want to go, Naoto?
— I want to go to Korea.

2 (1) Let's go to Spain, Sakura. We can watch soccer games.
— Yes, let's.
(2) Let's go to Italy, Yota. We can eat pizza.
— Yes, let's.
(3) Let's go to India, Misa. We can drink chai.
— Yes, let's.

103ページ まとめのテスト

1 (1) オーストラリア
(2) ピラミッドを見る
(3) メープルシロップを買う
(4) 動物園をおとずれる
(5) 中国

2 (1) the USA
(2) Let's
(3) Where
(4) eat curry

てびき

1 (1) (5) ほかにも Canada (カナダ)、New Zealand (ニュージーランド)、Russia (ロシア)、Kenya (ケニア) などの国名も覚えておきましょう。

2 (1) I want to go to ～. は「わたしは～へ行きたいです」という意味です。the UK (イギリス) と the USA (アメリカ合衆国(がっしゅうこく)) をまちがえないようにしましょう。
(2)「～へ行きましょう」は Let's go to ～. で表します。
(3)「どこ」は where です。
(4) We can ～. は「わたしたちは～することができます」という意味です。eat pizza は「ピザを食べる」という意味です。

104〜105ページ リーディングレッスン 1

(1) 青、白

(2) ア

(3) behind

てびき (1) 下線部①は「空は青いです」、下線部②は「雲は白いです」という意味です。

(2) 下線部③は「空は灰色(はいいろ)です」という意味です。この1文から今の天気がくもりであることがわかります。これから雨がふるかもしれないので、かさを持っていくとよいと考えます。

(3) 質問(しつもん)の英文 Where's the sun? は「太陽はどこですか」という意味です。104ページの最後の英文から、behind「〜の後ろに」を選びます。under は「〜の下に」という意味です。

106〜107ページ リーディングレッスン 2

(1) 晴れる

(2) ア

(3) ウ

てびき (1) 下線部①は「ハイキングに行きましょう」という意味です。直前の What's the weather tomorrow?（あすの天気は何ですか）— Sunny.（晴れです）というやりとりから、「（あすは晴れるから）ハイキングに行きましょう」とさそっていると考えられます。

(2) maybe は「たぶん」という意味で、確信(かくしん)がないときに使われます。

(3) 雨がふるかもしれないので、inside（家の中で）しょうぎをしよう、と言っています。

実力判定テスト　答えとてびき

夏休みのテスト

1 (1) ×　(2) ○　(3) ○　(4) ×

2

(1)

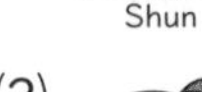

(2)

(3)

3 (1) イ　(2) イ　(3) ウ　(4) ア

4 (1) 6:30

(2) 7:00

(3) イヌの散歩（をすること）

(4) 本を読むこと

5 (1) How　(2) Monday

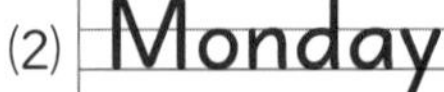

(3) It's　(4) always

6 (1) I'm　(2) May

(3) cake　(4) math

(5) interesting

てびき

1 I have ～. は「わたしは～を持っています」という意味です。I have のあとのことばに注意して聞きましょう。(1) bag は「かばん」、(2) apron は「エプロン」、(3) scissors は「はさみ」、(4) brush は「筆」という意味です。

2 Do you help at home? は「あなたは家で手伝いをしますか」という意味です。Do you help at home? に対して、手伝いをするときは Yes, I do.（はい、します）と答えます。Yes, I do. のあとの文に注意して聞きましょう。

(1) clean my room は「(わたしの) 部屋をそうじする」、(2) wash the dishes は「食器をあらう」、(3) water the flowers は「花に水をやる」という意味です。

3 (1) What do you want for your birthday? は「あなたは誕生日に何がほしいですか」という意味です。ア smartphone は「スマートフォン」、イ gloves は「手ぶくろ」、ウ soccer ball は「サッカーボール」という意味です。

(2) What subject do you like? は「あなたは何の教科が好きですか」という意味です。ア music は「音楽」、イ science は「理科、科学」、ウ social studies は「社会科」という意味です。

(3) When's your birthday? は「あなたの誕生日はいつですか」という意味です。ア September は「9 月」、イ October は「10 月」、ウ November は「11 月」という意味です。

(4) What time do you go to bed? は「あなたは何時にねますか」という意味です。絵の時計の針は 9 時 30 分をさしています。ア nine thirty は「9 時 30 分」、イ nine thirteen は「9 時 13 分」、ウ nine ten は「9 時 10 分」という意味です。

4 (1) get up は「起きる」、at six thirty は「6 時 30 分に」という意味です。

(2) eat breakfast は「朝食を食べる」、at seven は「7 時に」という意味です。

(3) walk the dog は「イヌの散歩をする」、after breakfast は「朝食後に」という意味です。

(4) read a book は「本を読む」、before sleeping は「ねむる前に」という意味です。

5 (1)「あなたの名前はどうつづりますか」は How do you spell your name? と言います。

(2)「あなたは～（曜日）には何がありますか」は What do you have on ～? と言います。「月曜日」は Monday と言います。Friday は「金曜日」という意味です。

(3)「今～時です」は It's 〈時こく〉 now. と言います。

(4)「毎回」は always と言います。

6 (1) I'm（わたしは～です）を入れて、I'm Megumi.（わたしはメグミです）という文にします。

(2) May（5 月）を入れて、My birthday is May 20th.（わたしの誕生日は 5 月 20 日です）という文にします。

(3) cake（ケーキ）を入れて、I want a cake for my birthday.（わたしは誕生日にケーキがほしいです）という文にします。

(4) math（算数）を入れて、I like math.（わたしは算数が好きです）という文にします。

(5) interesting（おもしろい）を入れて、It's interesting.（それはおもしろいです）という文にします。ここでの It は math（算数）をさします。

読まれた英語

1 (1) I have a bag.
(2) I have an apron.
(3) I have scissors.
(4) I have a brush.

2 (1) Do you help at home, Shun?
— Yes, I do. I clean my room.
(2) Do you help at home, Emma?
— Yes, I do. I wash the dishes.
(3) Do you help at home, Ruriko?
— Yes, I do. I water the flowers.

3 (1) What do you want for your birthday?
ア I want a smartphone.
イ I want gloves.
ウ I want a soccer ball.
(2) What subject do you like?
ア I like music.
イ I like science.
ウ I like social studies.
(3) When's your birthday?
ア My birthday is September 15th.
イ My birthday is October 15th.
ウ My birthday is November 15th.
(4) What time do you go to bed?
ア I go to bed at nine thirty.
イ I go to bed at nine thirteen.
ウ I go to bed at nine ten.

4 Hi. I'm Jun. I get up at six thirty. I eat breakfast at seven. I walk the dog after breakfast. I go to bed at ten. I read a book before sleeping.

冬休みのテスト

1 (1) ×　(2) ○　(3) ○　(4) ×

2 (1) Megumi — (2) Koji — (3) Yuri
（(1) Megumi → 歌っている絵、(2) Koji → スキーの絵、(3) Yuri → サッカーの絵）

3 (1) ア　(2) イ　(3) ウ　(4) ア

4 (1) コーンスープ
(2) とてもおいしい
(3) 500 円

5 (1) How　(2) sweet
(3) can't　(4) What
(5) much

6 (1) brother　(2) teacher
(3) kind　(4) sing
(5) dancing

てびき

1 I can ～. は「わたしは～することができます」という意味です。I can のあとのことばに注意して聞きましょう。(1) run fast は「速く走る」、(2) play the guitar は「ギターをひく」、(3) swim は「泳ぐ」、(4) ride a bicycle は「自転車に乗る」という意味です。

2 人をしょうかいするときに使う This is ～. は「こちらは～です」という意味です。He's [She's] good at ～. は「かれ [かの女] は～が得意です」という意味です。He's [She's] good at のあとのことばに注意して聞きましょう。(1) singing は「歌うこと」、(2) skiing は「スキーをすること」、(3) playing soccer は「サッカーをすること」という意味です。

3 (1) He's ～. は「かれは～です」という意味です。ア strong は「強い」、イ smart は「かしこい」、ウ funny は「おもしろい」という意味です。

(2) She's ～. は「かの女は～です」という意味です。ア dancer は「ダンサー」、イ police officer は「警察官（けいさつかん）」、ウ fire fighter は「消防士（しょうぼうし）」という意味です。

(3) レストランで注文するときに使う I'd like ～. は「～をお願いします」という意味です。ア bread は「パン」、イ rice は「米、ごはん」、ウ French fries は「フライドポテト」という意味です。

(4) She can't ～. は「かの女は～することができません」という意味です。ア cook well は「上手（じょうず）に料理する」、イ sing well は「上手に歌う」、ウ dance well は「上手におどる」という意味です。

4 (1) ものをしょうかいするときに使う This is ～. は「これは～です」という意味です。corn soup は「コーンスープ」という意味です。

(2) delicious は「とてもおいしい」という意味です。

(3) five は「5」、hundred は「100」、yen は「円」という意味です。five hundred で「500」を表します。

5 (1)「～はいかがですか」と食べものなどの感想をたずねるときは How is ～? と言います。

(2)「あまい」は sweet と言います。

(3)「わたしは～することができません」は I can't ～. と言います。

(4)「何になさいますか」と注文を取るときは What would you like? と言います。

(5)「それはいくらですか」と金額（きんがく）をたずねるときは How much is it? と言います。

6 (1) brother（兄）を入れて、This is my brother.（こちらはわたしの兄です）という文にします。

(2) teacher（教師（きょうし））を入れて、He's a teacher.（かれは教師です）という文にします。

(3) kind（親切な）を入れて、He's kind.（かれは親切です）という文にします。

(4) sing（歌う）を入れて、He can sing well.（かれは上手に歌うことができます）という文にします。

(5) dancing（おどること）を入れて He's not good at dancing.（かれはおどることが得意ではありません）という文にします。

読まれた英語

1 (1) I can run fast.
(2) I can play the guitar.
(3) I can swim.
(4) I can ride a bicycle.

2 (1) This is Megumi. She's good at singing.
(2) This is Koji. He's good at skiing.
(3) This is Yuri. She's good at playing soccer.

3 (1) ア He's strong.
イ He's smart.
ウ He's funny.
(2) ア She's a dancer.
イ She's a police officer.
ウ She's a fire fighter.
(3) ア I'd like bread.
イ I'd like rice.
ウ I'd like French fries.
(4) ア She can't cook well.
イ She can't sing well.
ウ She can't dance well.

4 Hello. This is corn soup. It's delicious. I like it. It's five hundred yen.

学年末のテスト

1 (1)イ (2)エ (3)ウ (4)ア

2

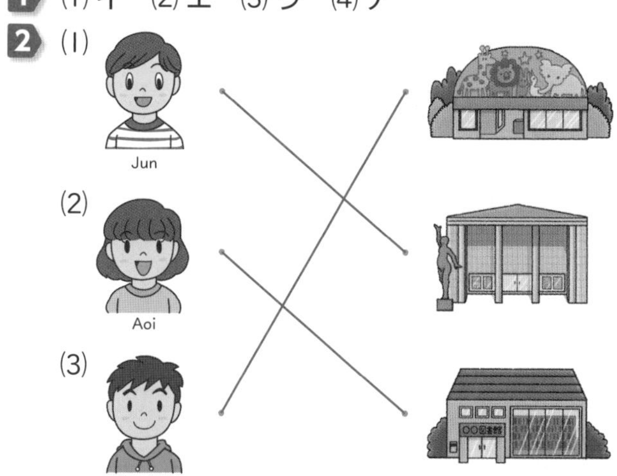

3 (1)ウ (2)ア (3)ウ (4)イ

4 (1) 母親
(2) 警察官
(3) かっこいい
(4) 水泳

5 (1) in (2) left
(3) right (4) Let's
(5) eat

6 (1) like (2) singing
(3) Italy (4) bag
(5) July

てびき

1 (1) buy は「買う」、(2) visit は「おとずれる」、(3) drink は「飲む」、(4) watch は「見る」という意味です。

2 Where do you want to go? は「あなたはどこへ行きたいですか」、I want to go to ～. は「わたしは～へ行きたいです」という意味です。I want to go to のあとのことばに注意して聞きましょう。(1) museum は「博物館、美術館」、(2) library は「図書館」、(3) zoo は「動物園」という意味です。

3 (1) What do you have on Monday? は「あなたは月曜日には何がありますか」という意味です。ア Japanese は「国語、日本語」、イ English は「英語」、ウ math は「算数、数学」という意味です。

(2) Where's the bank? は「銀行はどこですか」という意味です。ア next to は「～のとなりに」、イ across from は「～の向かい側に」、ウ between A and B は「A と B の間に」という意味で、場所を表します。ア coffee shop は「コーヒー店」、イ cake shop は「ケーキ店」、ウ flower shop は「生花店、花屋」という意味です。

(3) How much is it? は「それはいくらですか」という意味です。「740 円」は seven hundred and forty yen と言います。ア four hundred and sixty yen は「460 円」、イ six hundred and forty yen は「640 円」という意味です。

(4) Where's the cap? は「ぼうしはどこにありますか」という意味です。ア on the table は「テーブルの上に」、イ on the chair は「いすの上に」、ウ under the chair は「いすの下に」という意味です。

4 (1) This is my ～. は「こちらはわたしの～です」という意味で、人をしょうかいするときに使います。mother は「母親」という意味です。

(2) police officer は「警察官」という意味です。

(3) cool は「かっこいい」という意味です。

(4) ... is good at ～. は「…は～が得意です」、swimming は「水泳」という意味です。

5 (1)「…は～の中にあります」は ... is in ～. と言います。in は「～の中に」という意味です。

(2)「～を右[左]に曲がってください」は Turn right[left] at ～. と言います。

(3)「それはあなたの右[左]側にあります」は It's on your right[left]. と言います。

(4)「～へ行きましょう。」は Let's go to ～. と言います。

(5)「わたしたちは～することができます」は We can ～. と言います。「ピザを食べる」は eat pizza と言います。

6 (1) like（好き）を入れて、I like dogs.（わたしはイヌが好きです）という文にします。

(2) singing（歌うこと）を入れて、I'm good at singing.（わたしは歌うことが得意です）という文にします。

(3) Italy（イタリア）を入れて、I want to go to Italy.（わたしはイタリアへ行きたいです）という文にします。

(4) bag（かばん）を入れて、I want a bag.（わたしはかばんがほしいです）という文にします。
(5) July（7月）を入れて、My birthday is July 10th.（わたしの誕生日は7月10日です）という文にします。

読まれた英語

1 (1) buy
(2) visit
(3) drink
(4) watch

2 (1) Where do you want to go, Jun?
— I want to go to the museum.
(2) Where do you want to go, Aoi?
— I want to go to the library.
(3) Where do you want to go, Naoto?
— I want to go to the zoo.

3 (1) What do you have on Monday?
ア I have Japanese on Monday.
イ I have English on Monday.
ウ I have math on Monday.
(2) Where's the bank?
ア It's next to the coffee shop.
イ It's across from the cake shop.
ウ It's between the flower shop and the coffee shop.
(3) I'd like *ramen*. How much is it?
ア It's four hundred and sixty yen.
イ It's six hundred and forty yen.
ウ It's seven hundred and forty yen.
(4) Where's the cap?
ア It's on the table.
イ It's on the chair.
ウ It's under the chair.

4 Hello. I'm Nao. This is my mother. She's a police officer. She's cool. She's good at swimming.

単語リレー

❶ family ❷ father
❸ sister ❹ steak
❺ spaghetti
❻ fried chicken
❼ recorder ❽ guitar
❾ drum ❿ dodgeball
⓫ badminton ⓬ volleyball
⓭ chair ⓮ glove
⓯ calendar ⓰ English
⓱ Japanese ⓲ math
⓳ Sunday ⓴ Wednesday
㉑ Friday ㉒ spring
㉓ summer ㉔ fall
㉕ winter ㉖ January
㉗ July ㉘ December
㉙ America ㉚ Japan
㉛ doctor ㉜ teacher
㉝ gym ㉞ station
㉟ big ㊱ kind
㊲ like
㊳ go to school

3 2 1 0 9 8 7 6 5 4
＊ ＊ D C B A

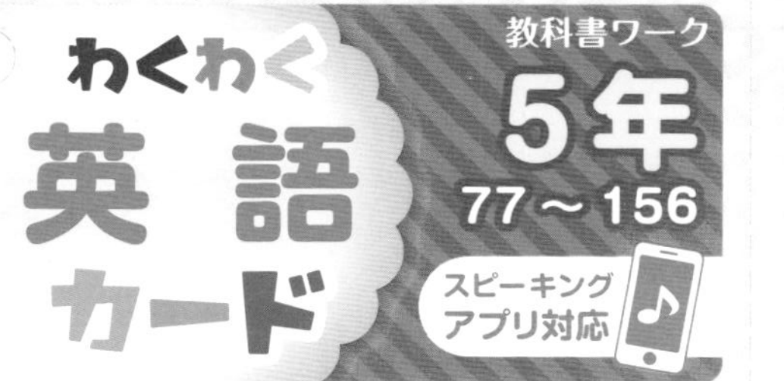

使い方

❶切りはなして、リングなどでとじます。
❷音声に続けて言いましょう。音声はこちらから聞くことができます。

❸日本語を見て英語を言いましょう。
- 英語がわかったら
- 覚えて何回も言えたら
- かんぺきだと思ったら

それぞれのアイコンを丸で囲みましょう。

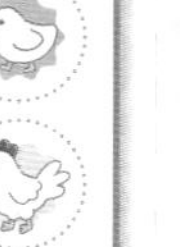
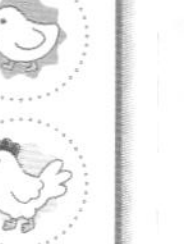

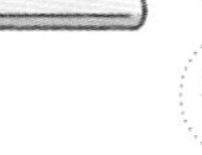

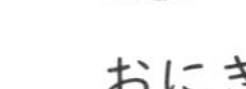

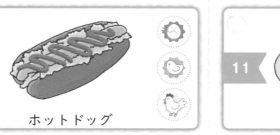

1 家族

2 お父さん

3 お母さん

4 お兄さん、弟

5 お姉さん、妹

6 おじいさん

7 おばあさん

8 カレーライス

9 ステーキ

10 ホットドッグ

11 スパゲッティ

12 フライドポテト

13 フライドチキン

14 焼き魚

15 おにぎり

16 めん

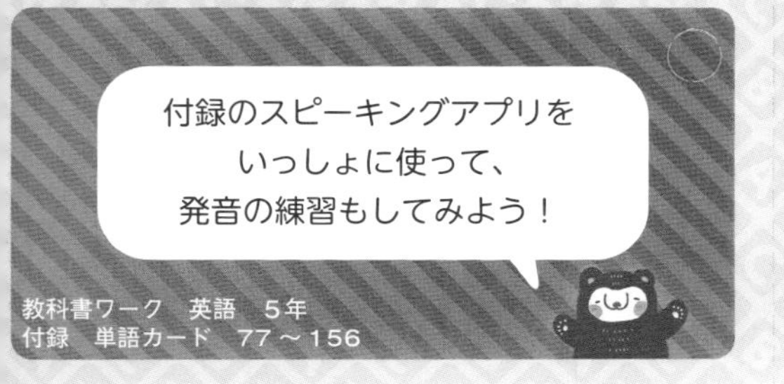
付録のスピーキングアプリを
いっしょに使って、
発音の練習もしてみよう！
教科書ワーク　英語　5年
付録　単語カード　77～156

うら面の英語を見て、
日本語を言えるかな？

教科書ワーク　英語　5年
付録　単語カード　1～76

英数字は音声ファイル（MP3）のファイル名です。

65～76…c09
77～83…c10
84～98…c11
99～117…c12
118～131…c13
132～149…c14
150～156…c15

英語音声　もくじ

1～7…c01
8～18…c02
19～23…c03
24～28…c04
29～38…c05
39～49…c06
50～59…c07
60～64…c08

♪c01 1
family

♪c01 2
father
「両親」は parents と言うよ。

♪c01 3
mother

♪c01 4
brother

♪c01 5
sister

♪c01 6
grandfather
「祖父母（そふぼ）」は grandparents と言うよ。

♪c01 7
grandmother

♪c02 8
curry and rice

♪c02 9
steak
とくにビーフステーキのことを言うよ。

♪c02 10
hot dog

♪c02 11
spaghetti

♪c02 12
French fries
French は「フランスの」という意味だよ。

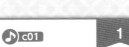

♪c02 13
fried chicken
fried は「（油で）あげた」という意味だよ。

♪c02 14
grilled fish

♪c02 15
rice ball

♪c02 16
noodle
ふつう noodles の形で使うよ。

17
パフェ
18
ソーダ
19
ピアノ
20
リコーダー
21
ギター
22
バイオリン
23
太鼓(たいこ)
24
スポーツ
25
バレーボール
26
卓球(たっきゅう)
27
バドミントン
28
ドッジボール
29
かご
30
地図
31
筆箱
32
ボール
33
グローブ
34
いす
35
かけ時計、置き時計
36
カレンダー

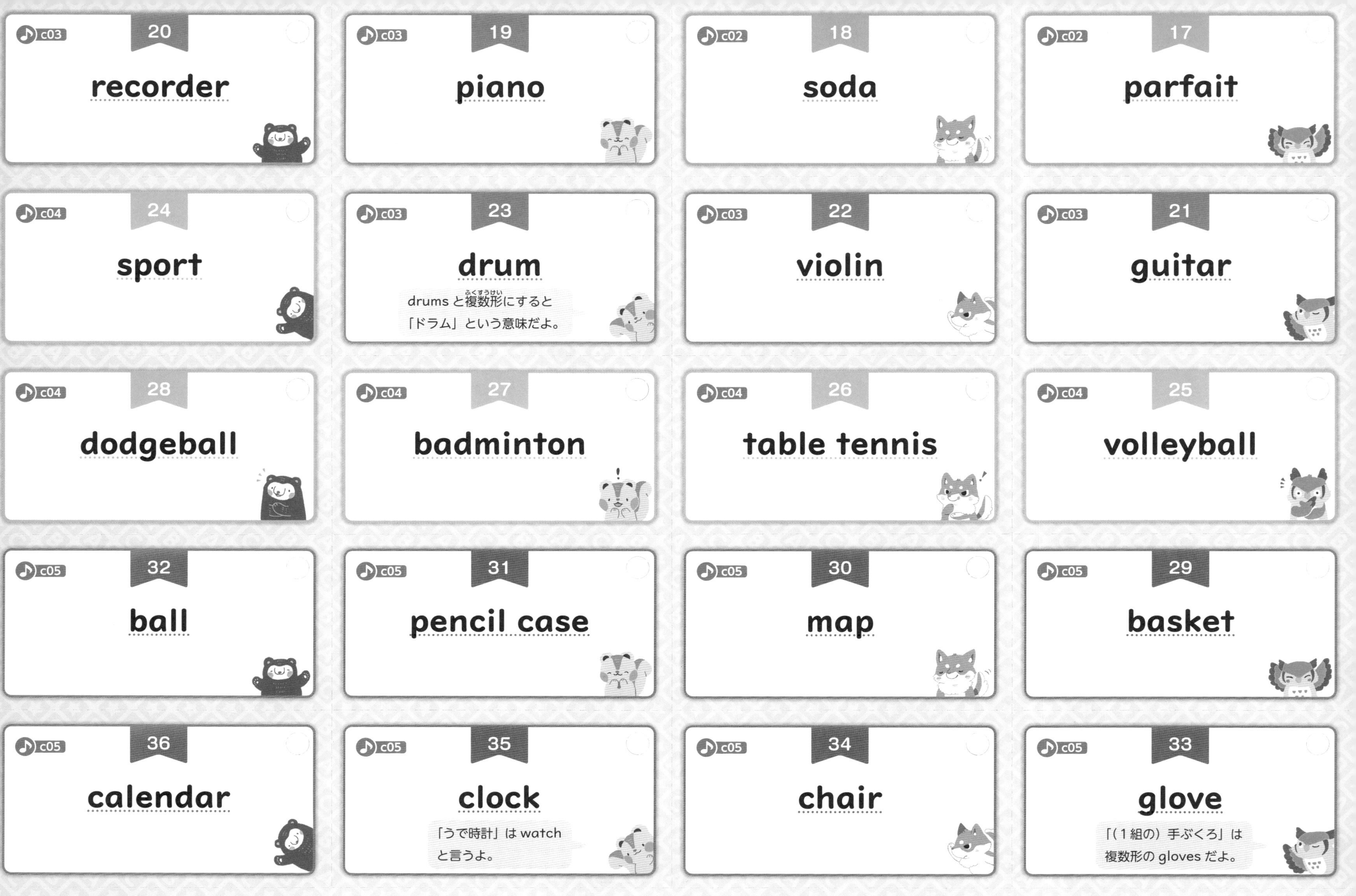

c03
20
recorder
c03
19
piano
c02
18
soda
c02
17
parfait
c04
24
sport
c03
23
drum
drums と複数形(ふくすうけい)にすると
「ドラム」という意味だよ。
c03
22
violin
c03
21
guitar
c04
28
dodgeball
c04
27
badminton
c04
26
table tennis
c04
25
volleyball
c05
32
ball
c05
31
pencil case
c05
30
map
c05
29
basket
c05
36
calendar
c05
35
clock
「うで時計」は watch
と言うよ。
c05
34
chair
c05
33
glove
「(1組の) 手ぶくろ」は
複数形の gloves だよ。

37 コンピューター

38 ソファー

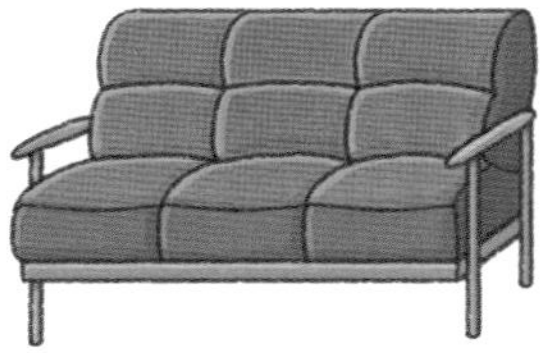

39 教科

40 国語

41 算数

$\frac{1}{2}+\frac{1}{3}=\frac{5}{6}$

42 理科

43 社会科

44 英語

45 体育

46 音楽

47 図画工作

48 家庭科

49 書写

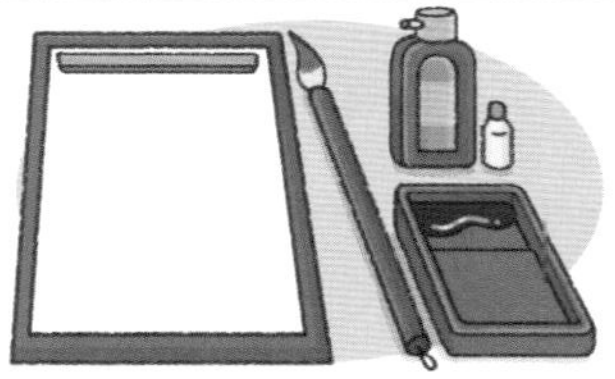

50 日曜日

51 月曜日

52 火曜日

53 水曜日

54 木曜日

55 金曜日

56 土曜日

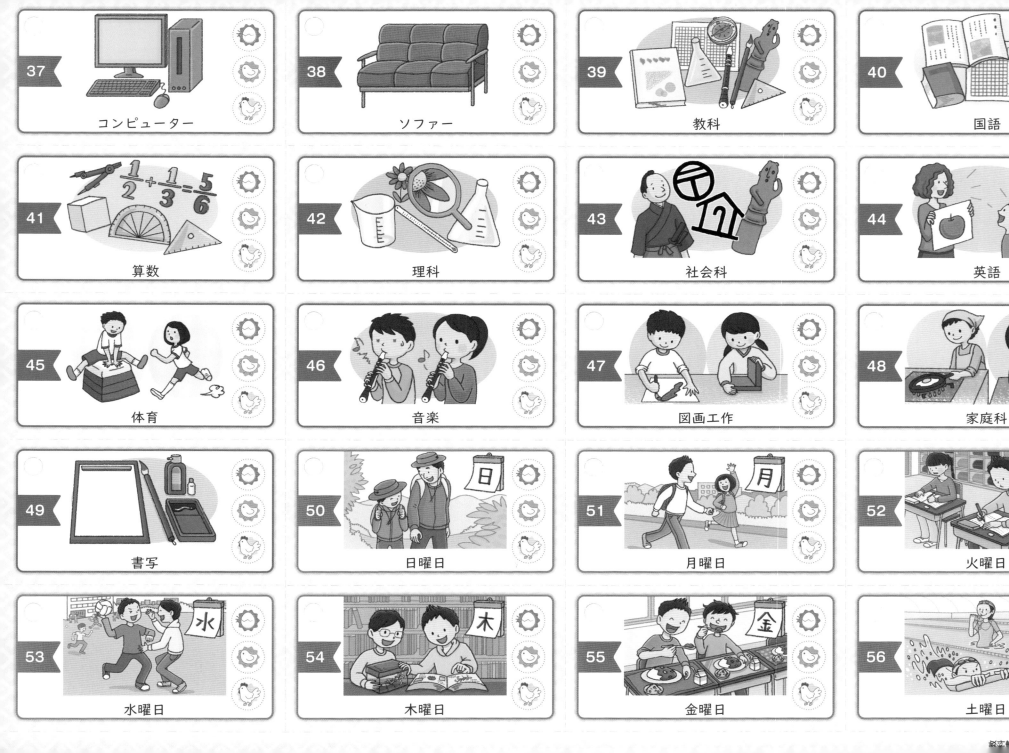

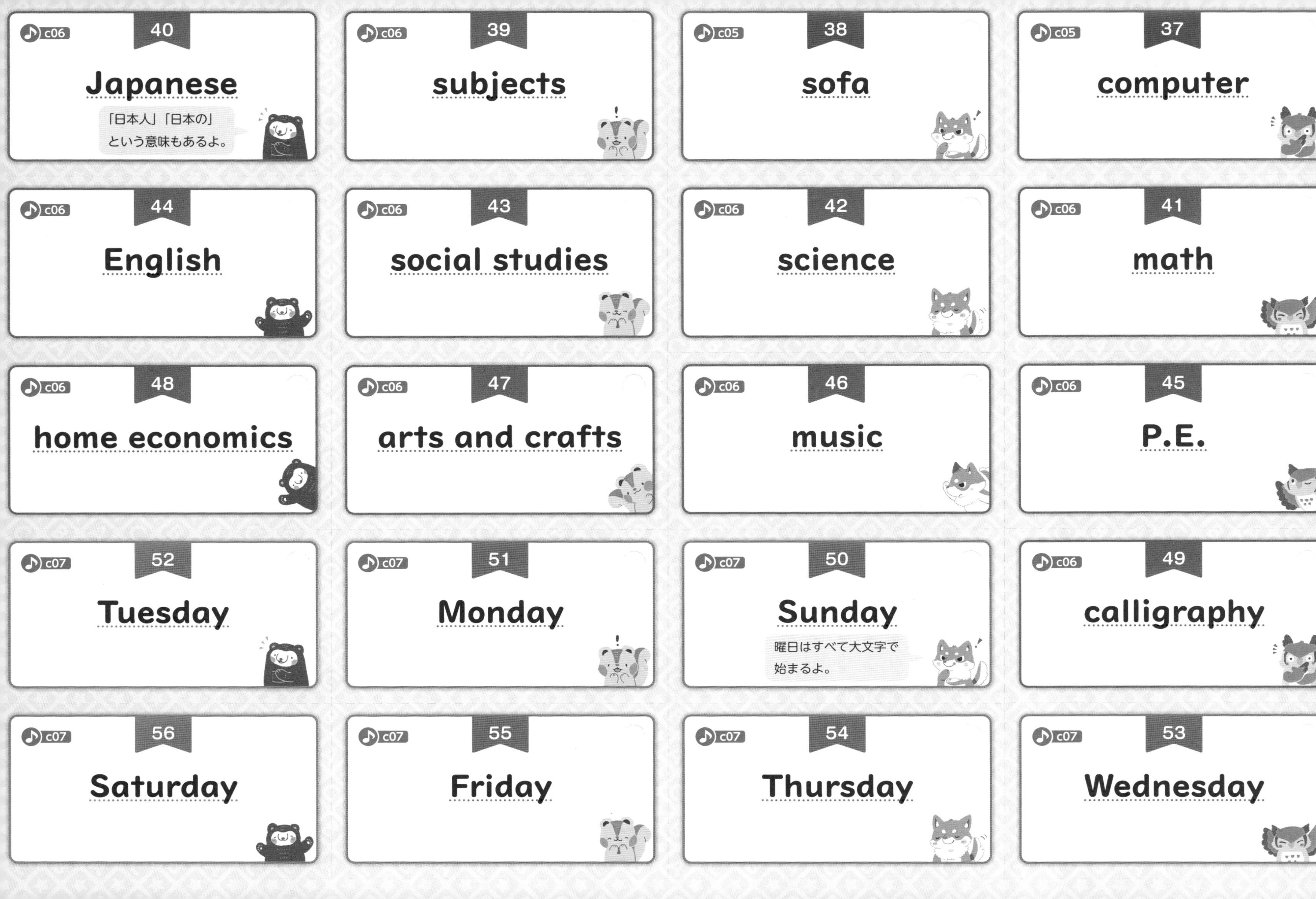
c06
40
Japanese
「日本人」「日本の」
という意味もあるよ。
c06
39
subjects
c05
38
sofa
c05
37
computer
c06
44
English
c06
43
social studies
c06
42
science
c06
41
math
c06
48
home economics
c06
47
arts and crafts
c06
46
music
c06
45
P.E.
c07
52
Tuesday
c07
51
Monday
c07
50
Sunday
曜日はすべて大文字で
始まるよ。
c06
49
calligraphy
c07
56
Saturday
c07
55
Friday
c07
54
Thursday
c07
53
Wednesday

57
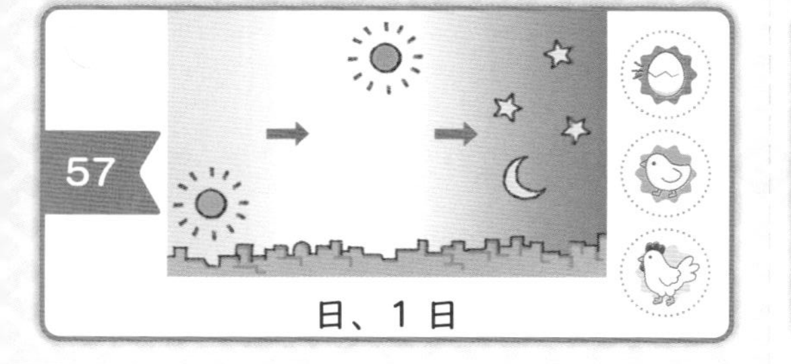
日、1日

58

週

59
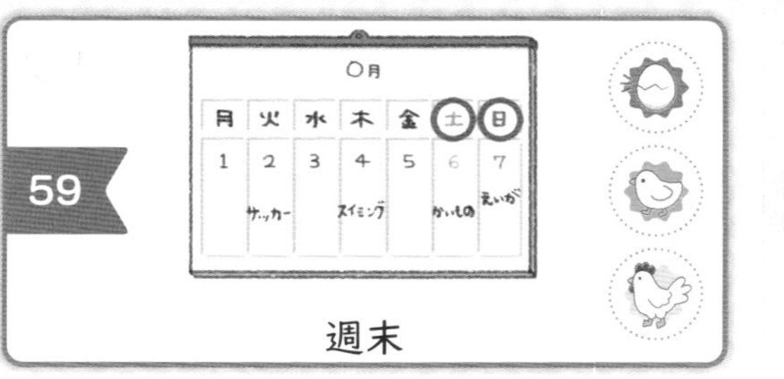

週末

60

季節

61

春

62

夏

63

秋

64

冬

65

1月

66

2月

67

3月

68

4月

69

5月

70

6月

71

7月

72

8月

73

9月

74

10月

75

11月

76

12月

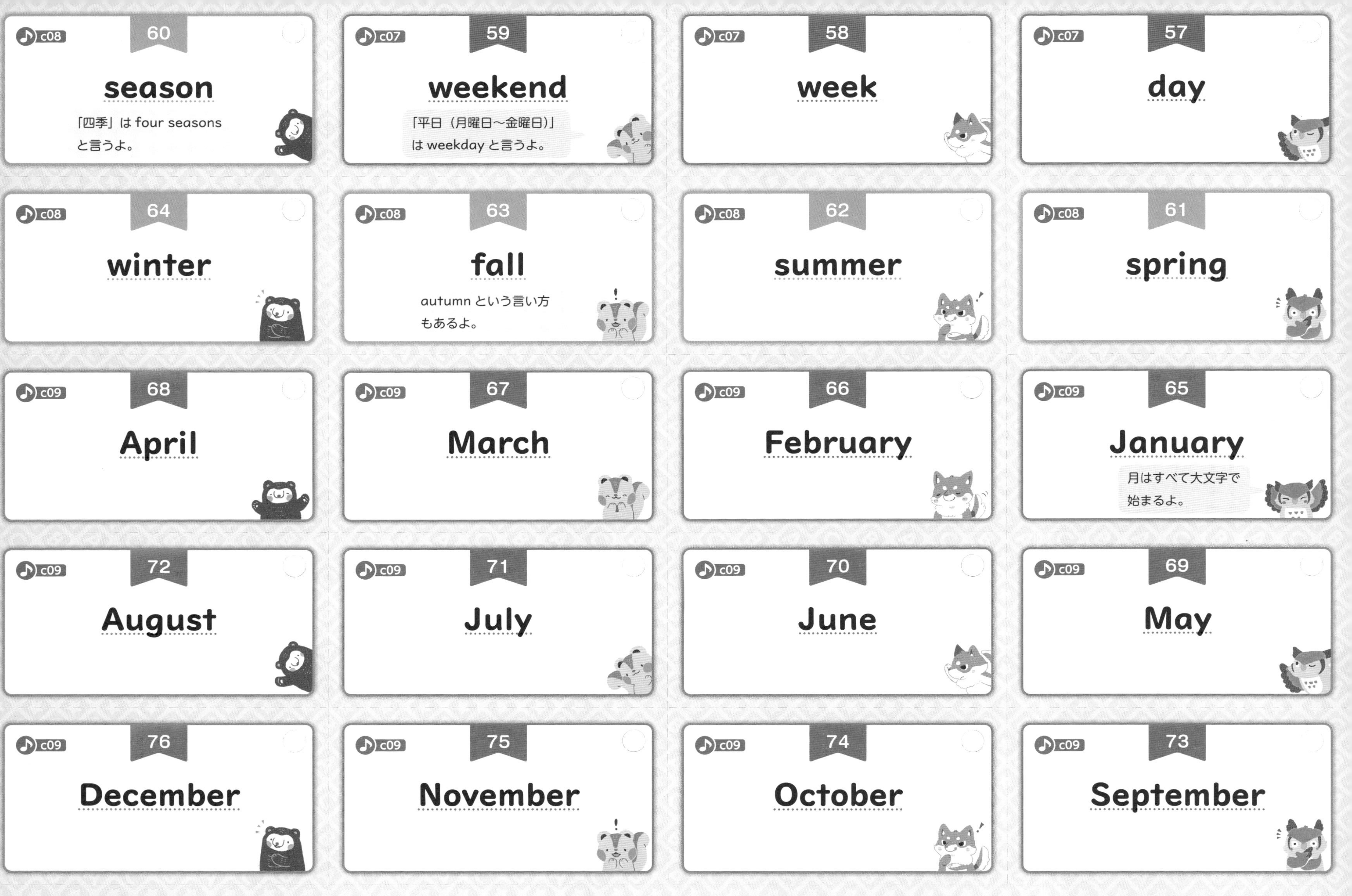

c07 57 day
c07 58 week
c07 59 weekend
「平日（月曜日～金曜日）」は weekday と言うよ。
c08 60 season
「四季」は four seasons と言うよ。
c08 61 spring
c08 62 summer
c08 63 fall
autumn という言い方もあるよ。
c08 64 winter
c09 65 January
月はすべて大文字で始まるよ。
c09 66 February
c09 67 March
c09 68 April
c09 69 May
c09 70 June
c09 71 July
c09 72 August
c09 73 September
c09 74 October
c09 75 November
c09 76 December

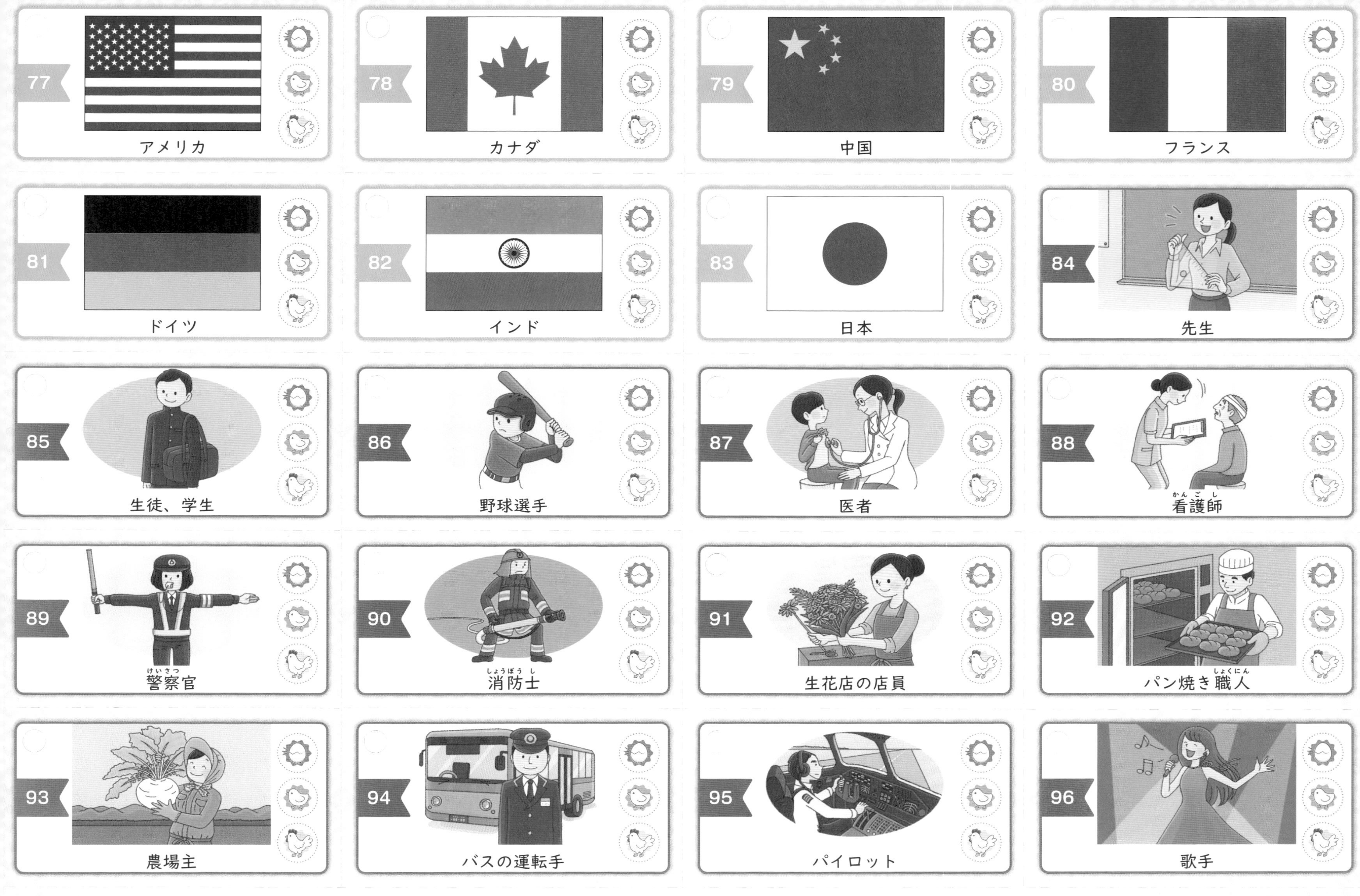
77
アメリカ
78
カナダ
79
中国
80
フランス
81
ドイツ
82
インド
83
日本
84
先生
85
生徒、学生
86
野球選手
87
医者
88
看護師
89
警察官
90
消防士
91
生花店の店員
92
パン焼き職人
93
農場主
94
バスの運転手
95
パイロット
96
歌手

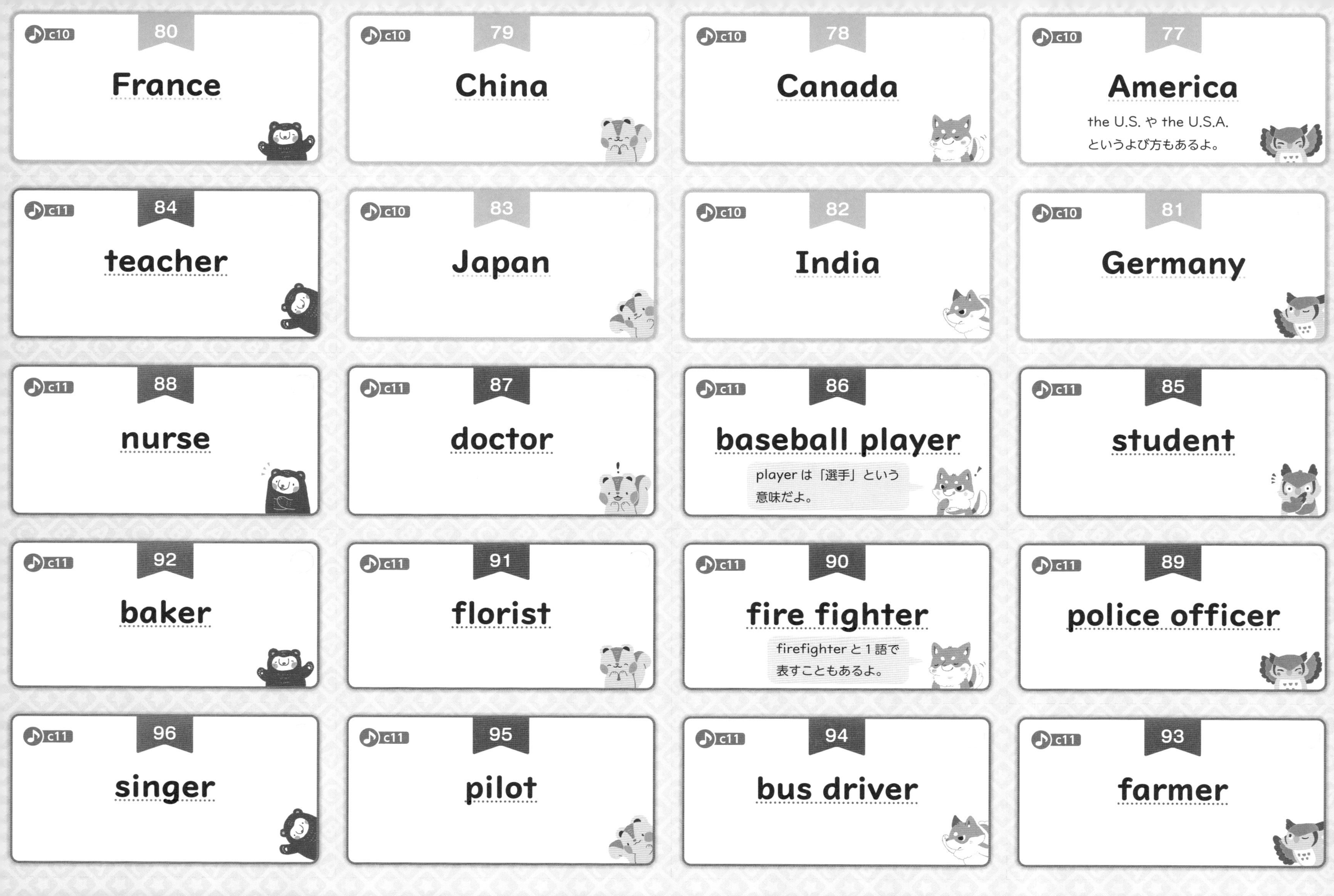
c10 80 France
c10 79 China
c10 78 Canada
c10 77 America
the U.S. や the U.S.A.
というよび方もあるよ。
c11 84 teacher
c10 83 Japan
c10 82 India
c10 81 Germany
c11 88 nurse
c11 87 doctor
c11 86 baseball player
player は「選手」という
意味だよ。
c11 85 student
c11 92 baker
c11 91 florist
c11 90 fire fighter
firefighter と1語で
表すこともあるよ。
c11 89 police officer
c11 96 singer
c11 95 pilot
c11 94 bus driver
c11 93 farmer

97
プログラマー
98
俳優、役者
99
家
100
学校
101
公園
102
店
103
図書館
○○図書館
104
体育館
105
レストラン
106
スーパーマーケット
107
駅
○○駅
108
警察署
109
消防署
110
ガソリンスタンド
111
病院
○○病院
112
美術館、博物館
113
郵便局
114
バス停
115
生花店、花屋さん
116
ホテル
ホテル

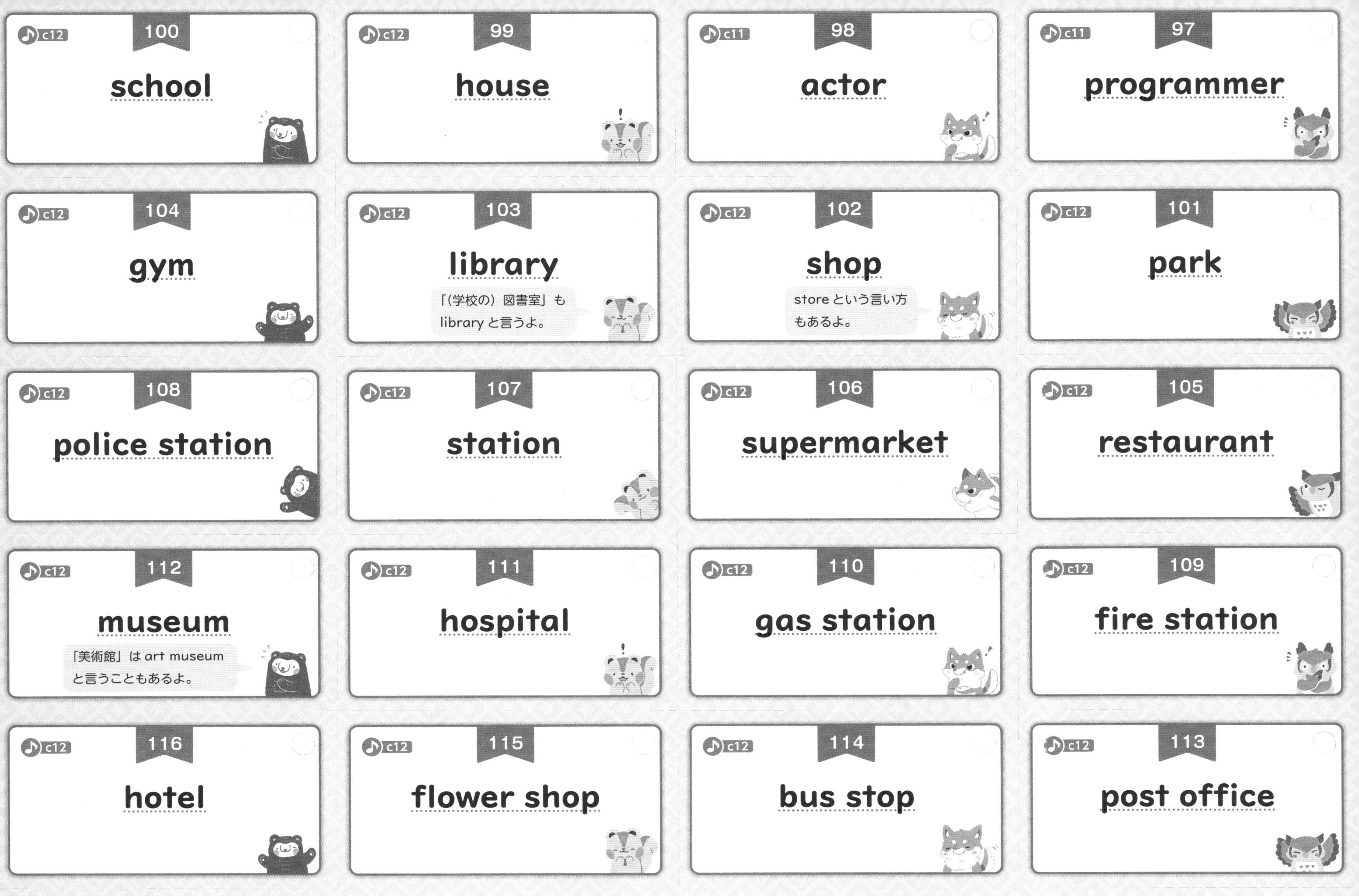

c12 100 school
c12 99 house
c11 98 actor
c11 97 programmer
c12 104 gym
c12 103 library
「(学校の) 図書室」も library と言うよ。
c12 102 shop
store という言い方もあるよ。
c12 101 park
c12 108 police station
c12 107 station
c12 106 supermarket
c12 105 restaurant
c12 112 museum
「美術館」は art museum と言うこともあるよ。
c12 111 hospital
c12 110 gas station
c12 109 fire station
c12 116 hotel
c12 115 flower shop
c12 114 bus stop
c12 113 post office

117
農場
118
大きい
119
小さい
120
長い
121
短い
122
新しい
123
古い
124
親切な
125
かっこいい
126
有名な
127
強い
128
活動的な
129
15cm²
利口な
130
かわいい
131
友好的な
132
(スポーツなどを)する、演奏(えんそう)する
133
ある、持っている
134
好きである
135
ほしい
136
食べる

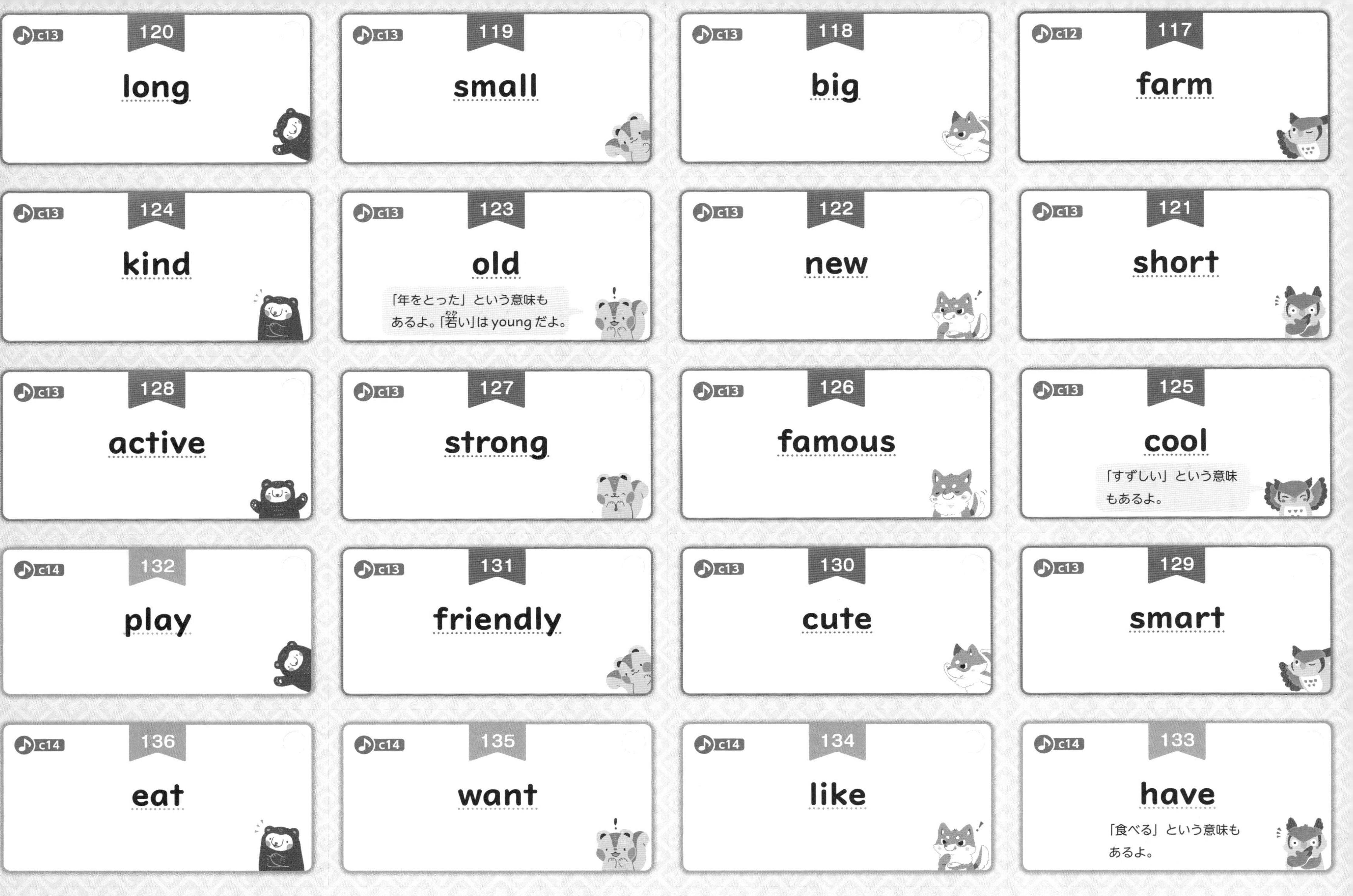

♪c12
117
farm
♪c13
118
big
♪c13
119
small
♪c13
120
long
♪c13
121
short
♪c13
122
new
♪c13
123
old
「年をとった」という意味もあるよ。「若い」はyoungだよ。
♪c13
124
kind
♪c13
125
cool
「すずしい」という意味もあるよ。
♪c13
126
famous
♪c13
127
strong
♪c13
128
active
♪c13
129
smart
♪c13
130
cute
♪c13
131
friendly
♪c14
132
play
♪c14
133
have
「食べる」という意味もあるよ。
♪c14
134
like
♪c14
135
want
♪c14
136
eat

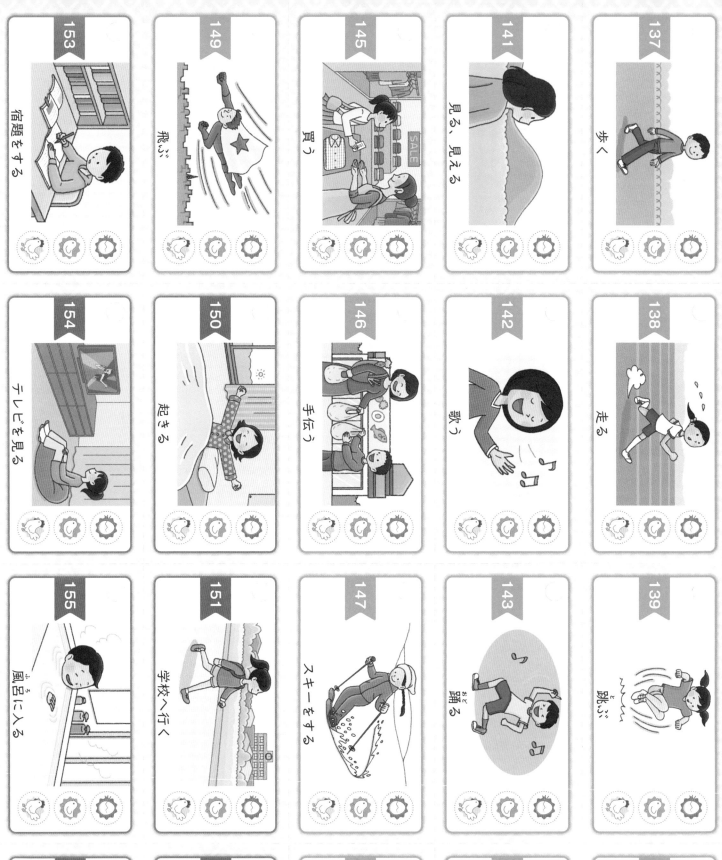

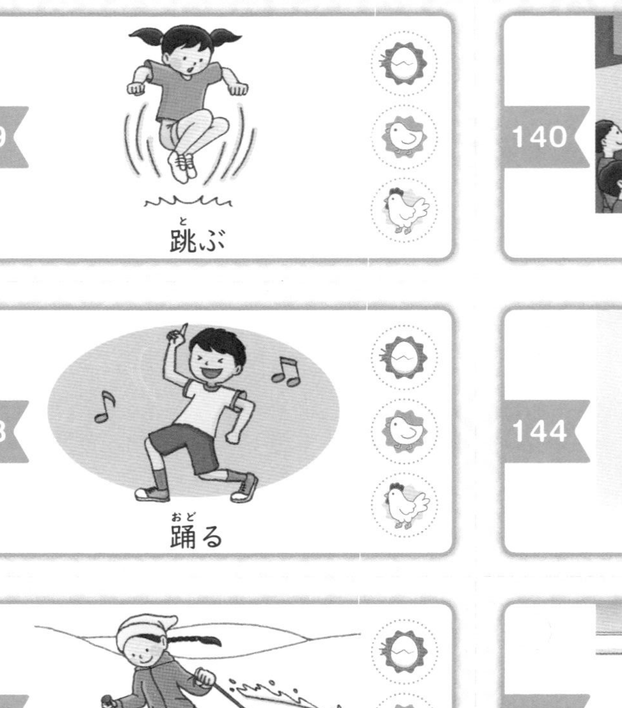
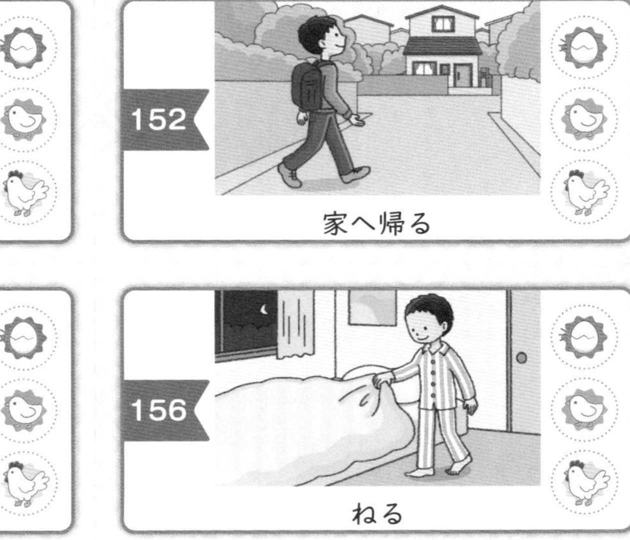

137 歩く

138 走る

139 跳ぶ

140 話す

141 見る、見える

142 歌う

143 踊る

144 料理をする

145 買う

146 手伝う

147 スキーをする

148 スケートをする

149 飛ぶ

150 起きる

151 学校へ行く

152 家へ帰る

153 宿題をする

154 テレビを見る

155 風呂に入る

156 ねる

c14 140 speak
speak English で
「英語を話す」だよ。
c14 139 jump
c14 138 run
c14 137 walk
c14 144 cook
「料理人」という意味も
あるよ。
c14 143 dance
c14 142 sing
c14 141 see
c14 148 skate
c14 147 ski
c14 146 help
c14 145 buy
c15 152 go home
c15 151 go to school
c15 150 get up
c14 149 fly
c15 156 go to bed
c15 155 take a bath
c15 154 watch TV
c15 153 do my homework

啓林館版 **英語5年**

この本のくわしい使い方

小学教科書ワークでは 教科書内容の学習 ・ 重要単語の練習 ・ 重要表現のまとめ の3つの柱で小学校で習う英語を楽しくていねいに学習できます。ここではそれぞれの学習の流れを紹介します。

教科書内容の学習

1 基本のワーク

アレック Alec先生

QRコードを読み取ると音声が流れるよ！
リズムにあわせて楽しく練習！

Unit 1
I have math on Monday. ②
基本のワーク
教科書 12～15ページ
教科を表すことばを覚えよう！
リズムに合わせて、声に出して言いましょう。 a06

subject（教科、科目） music（音楽） science（理科、科学）
Japanese（国語、日本語） English（英語） math（算数、数学）
social studies（社会科） arts and crafts（図画工作） P.E.（体育）
calligraphy（書道） home economics（家庭科） moral education（道徳）

20 英語カード

ことば編

Unit 2
My birthday is May 25th. ③
基本のワーク
a14 教科書 22～29ページ

① 誕生日のたずね方と答え方
When's your birthday? / My birthday is May 1st.
★「あなたの誕生日はいつですか」は、When's your birthday? と言います。
★「わたしの誕生日は～月…日です」は、My birthday is 〈月＋日〉. と言います。
〈日〉は日付を表す数の言い方にします。
声に出して言ってみよう
たずね方 When's your birthday?
答え方 My birthday is May 1st.
June 23rd / April 9th / March 2nd

② 誕生日にほしいもののたずね方と答え方
What do you want for your birthday? / I want a cake.
★「あなたは誕生日に何がほしいですか」は、What do you want for your birthday? と言います。
★ほしいものを答えるときは、I want ～.（わたしは～がほしいです）と言います。
声に出して言ってみよう
たずね方 What do you want for your birthday?
答え方 I want a cake.
a smartphone / gloves

34

表現編

①新しく習う英語を音声に続いて大きな声で言おう。

- ことば編 では、その単元で学習する単語をリズムに合わせて音読するよ。
- 表現編 では、最初にふきだしの英語の音声を聞いて、その単元で学習する表現を確認するよ。
  次に「声に出して言ってみよう」で［　　　］のことばに入れかえてリズムに合わせて音読するよ。

②新しく習う表現についての説明を読もう。

③声に出して言えたら、□にチェックをつけよう。

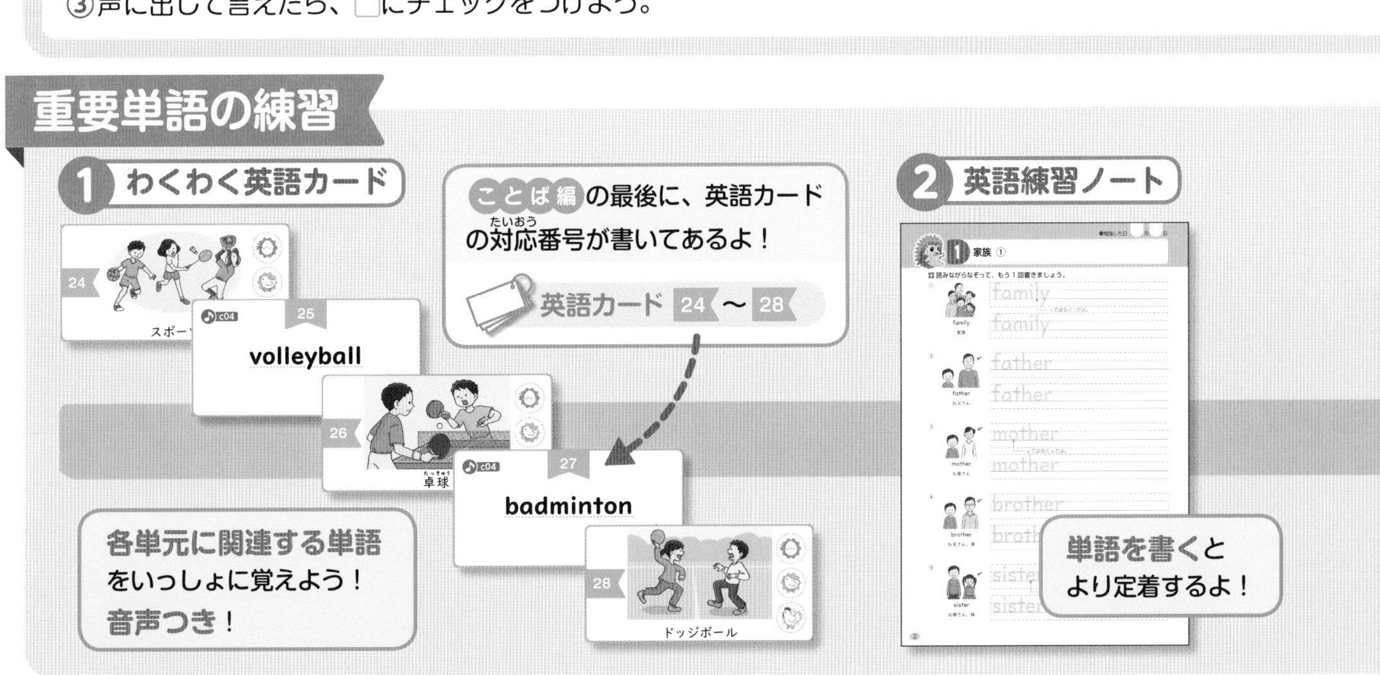

※QRコードは(株)デンソーウェーブの登録商標です。

2 書いて練習のワーク

3 聞いて練習のワーク

QRコードから問題の音声が聞けるよ。

4 まとめのテスト

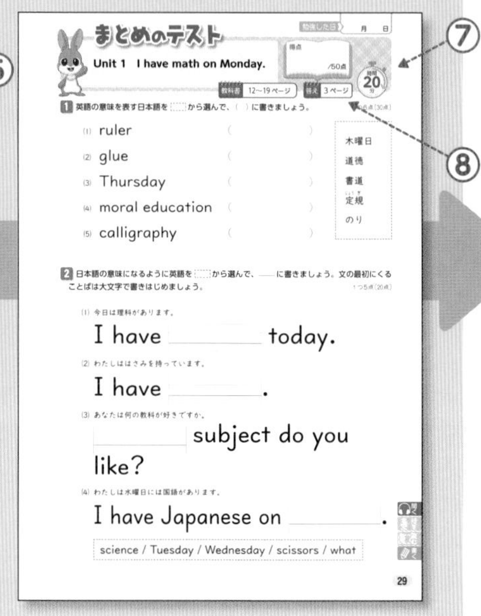

④新しく習ったことばや表現を書いて練習しよう。声に出して言いながら書くと効果的だよ。
⑤音声を聞いて問題に答えよう。聞きとれなかったら、もう一度聞いてもOK。
⑥解答集を見て答え合わせをしよう。読まれた音声も確認！
⑦確認問題にチャレンジ！問題をよく読もう。時間を計ってね。
⑧解答集を見て答え合わせをしよう。

3 単語リレー（実力判定テスト）やはつおん上達アプリおん達でアウトプット！

単語リレーで単語のテストができるよ！
おん達ではつおん練習ができるよ！
おん達の使い方・アクセスコードは4ページを見よう！
Hina

重要表現のまとめ

動画で復習&アプリで練習！ 重要表現まるっと整理

勉強した日　月　日

第6回 道案内 重要表現まるっと整理

5-06 動画

アプリを使って会話の練習をしましょう。80点以上になるように何度も練習しましょう。

トレーニング 道案内の表現を練習しましょう。＿の部分をかえて練習しましょう。 s11

① Where is the station?　駅はどこにありますか。
・park ・museum ・school

② Go straight for one block.　1区画まっすぐに行ってください。
・two blocks ・three blocks

③ Turn right at the corner.　その角を右に曲がってください。
・left　・second corner ・third corner

④ You can see it on your left.　それはあなたの左手に見えます。
・right

チャレンジ 道案内の会話を練習しましょう。 s12

Where is the station?
○○駅
Go straight for one block.
Turn right at the corner.
You can see it on your left.
聞く
話す
読む
書く

115

QR コードを読み取ると わくわく動画が見られるよ！

わくわく動画

I'm happy. Oliver!
It's your turn!
Hint!
happy
sad
sleepy
fine
tired
hungry
I'm

リズムにあわせて表現の復習！

自己表現の練習も！

発音上達アプリおん達にも対応しているよ。

「重要表現まるっと整理」は109ページからはじまるよ。

Adra

最後にまとめとして使ってもよいし、日ごろの学習にプラスしてもよいね！

Oliver

アプリ・音声について

この本のふろくのすべてのアクセスコードは **E6M77F8a** です。

★文理のはつおん上達アプリ　おん達

- 「重要表現まるっと整理」と「わくわく英語カード」の発話練習ができます。
- お手本の音声を聞いて、自分の発音をふきこむとAIが点数をつけます。
- 何度も練習し、高得点を目ざしましょう。
- 右のQRコードからダウンロードページへアクセスし、上記のアクセスコードを入力してください。
- アクセスコード入力時から15か月間ご利用になれます。
- 【推奨環境】スマートフォン、タブレット等(iOS11以上、Android8.0以上)

おん達
ダウンロード

※音声配信サービスおよび「おん達」は無料ですが、別途各通信会社の通信料がかかります。

※お客様のネット環境および端末によりご利用いただけない場合がございます。ご理解、ご了承いただきますよう、お願いいたします。

夏休みのテスト・冬休みのテスト・
学年末のテスト全３回分と、
単語リレー１回分がついています。

夏休みのテスト

(1) ______ ______ do you go to bed?

(2) You ______ eat *sushi*.

(3) We have many ______ in Nara.

(4) It's ______.

time / do / delicious / can / shrines / what

【自己しょうかいカード】
名前：サキ
得意なこと：歌うこと
しないこと：おどる
ほしいもの：美しい花

My name is Saki.
I'm ______ ______ ______.
I never ______.
I want ______ flowers.

at / dance / singing / skiing
beautiful / interesting / good

本番のテストに近いサイズでテスト対策！

CBT(Computer Based Testing)

◆CBTの使い方

❶BUNRI-CBT(https://b-cbt.bunri.jp)にPC・タブレットでアクセス。

❷ログインして、4ページのアクセスコードを入力。

WEB 上のテストにちょうせん。
成績表で苦手チェック！

★英語音声の再生方法

●英語音声があるものには ♪a01 がついています。音声は以下の3つの方法で再生することができます。

①QRコードを読み取る：
各単元の冒頭についている音声QRコードを読み取ってください。

②音声配信サービスonhaiから再生する：
WEBサイト https://listening.bunri.co.jp/ へアクセスしてください。

③音声をダウンロードする：
文理ホームページよりダウンロードも可能です。
URL　https://portal.bunri.jp/b-desk/e6m77f8a.html

②・③では4ページのアクセスコードを入力してください。

※本体、ふろくの国旗イラストのたてと横の比率は、国際連合で使用している２:３になっています。

アルファベット 大文字

A B C D E

F G H I J

K L M N

O P Q R

S T U V W

X Y Z

小文字

リズムに合わせて、声に出して言いましょう。 言えたらチェック

音声 a01

a b  c d  e

f  g  h i  j

k 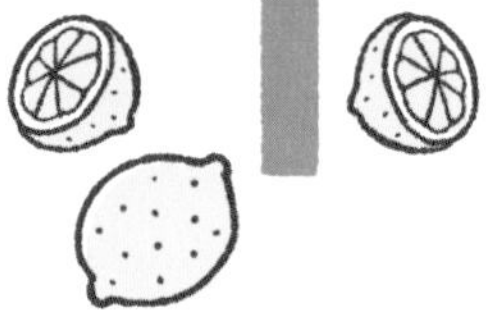 l m  n

o  p  q 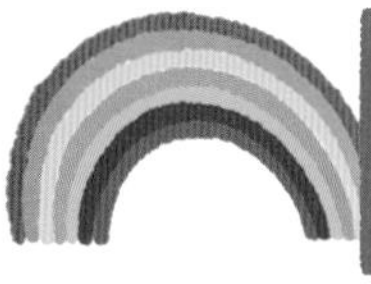 r

s t  u  v w

x  y z

アルファベットを書こう

✪ 読みながらなぞって、もう１回書きましょう。

※書き順は一つの例です。

大文字

●…書き出し

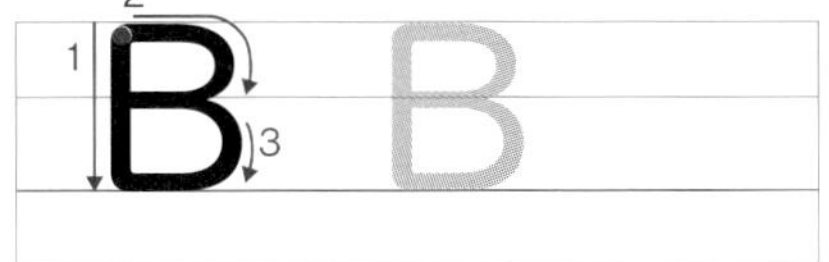
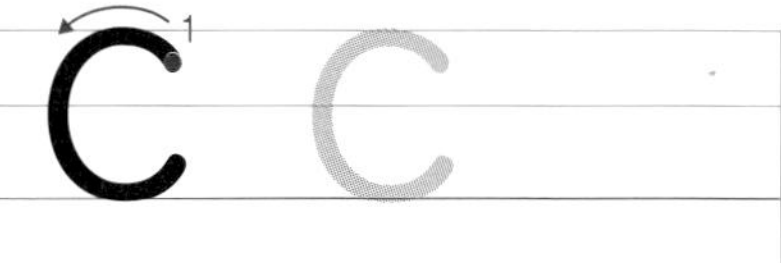

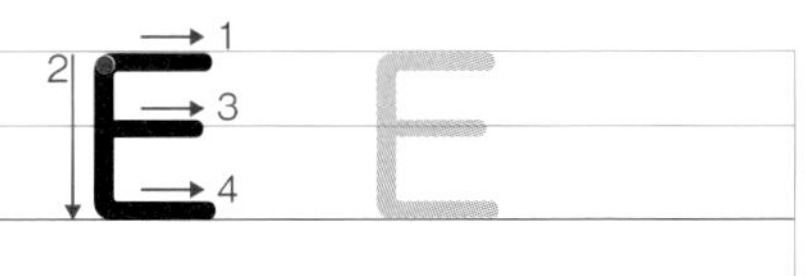
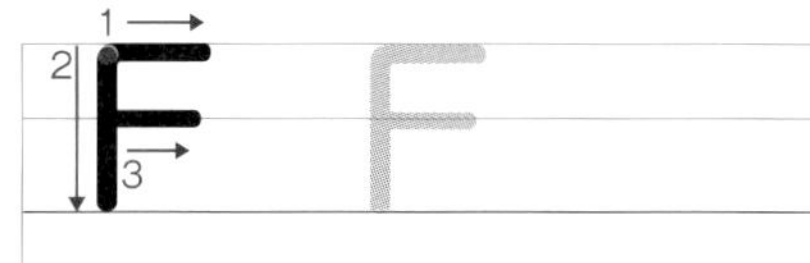

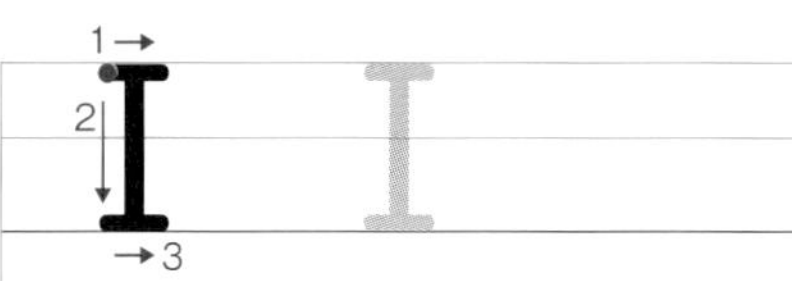

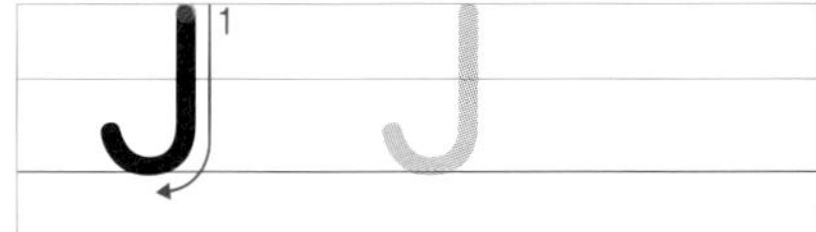
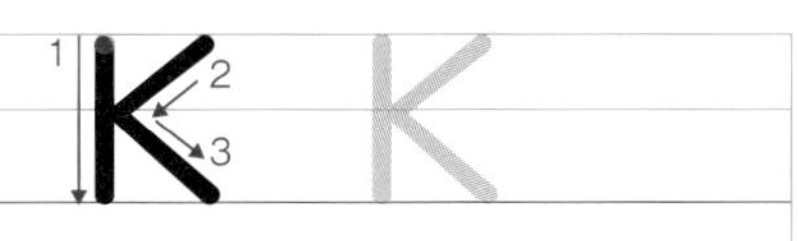
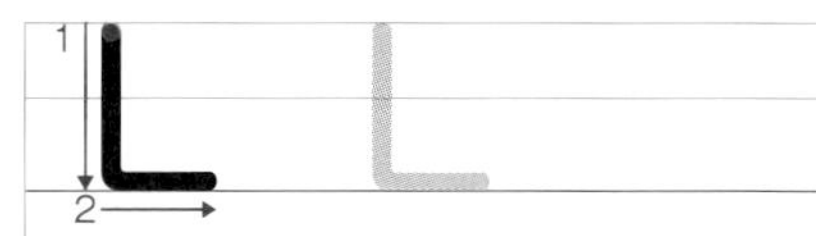

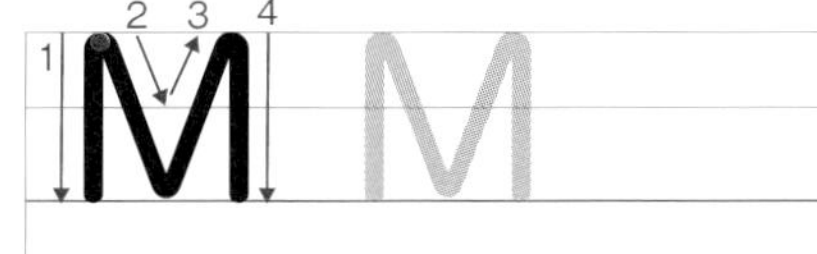

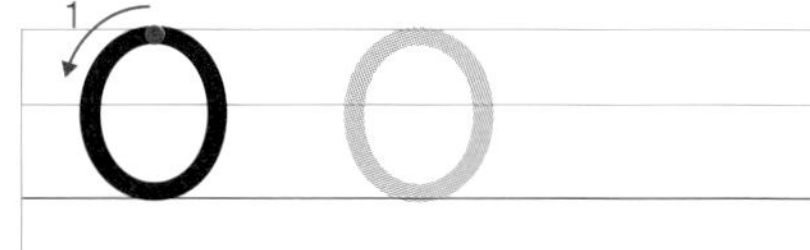

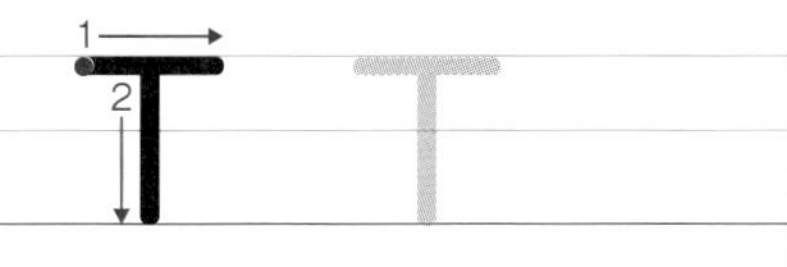
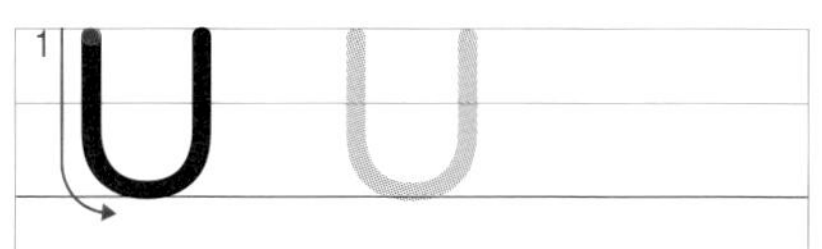

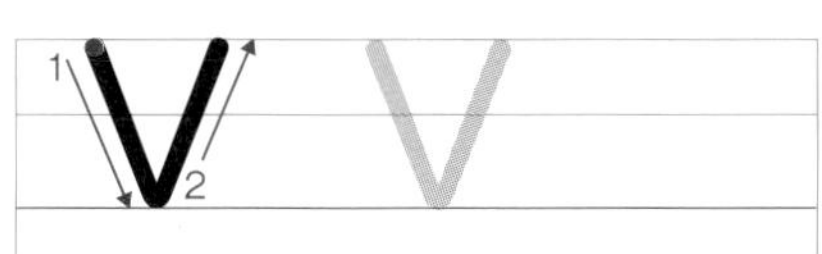

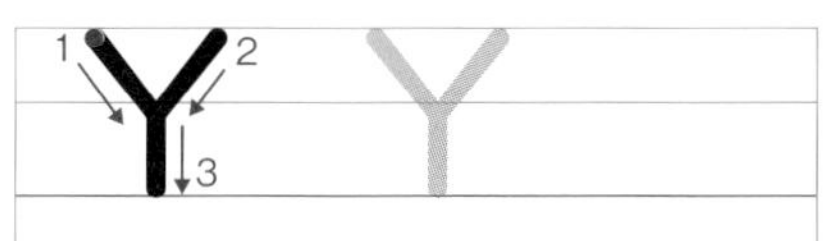

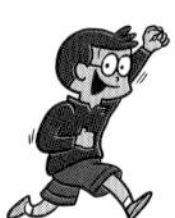
形や大きさに注意して
書いてみよう！

小文字

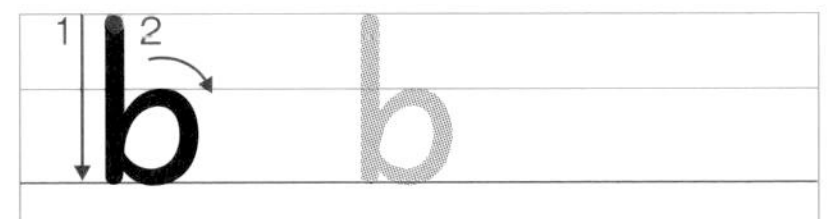
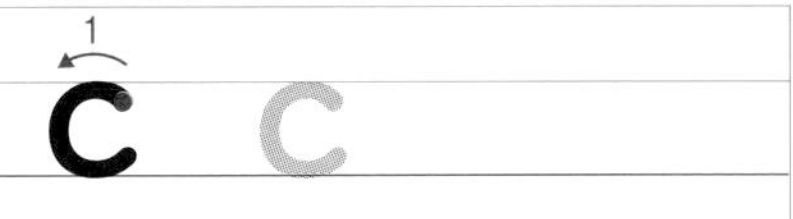
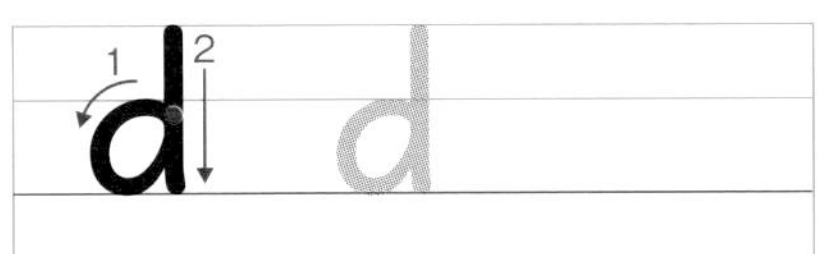
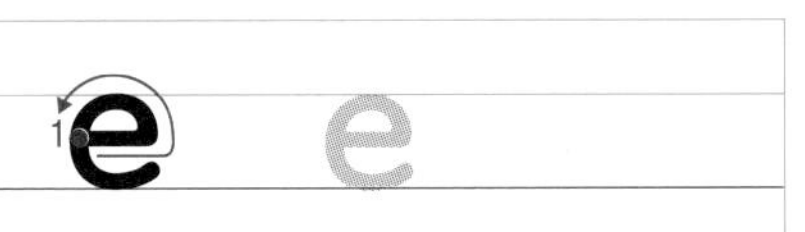
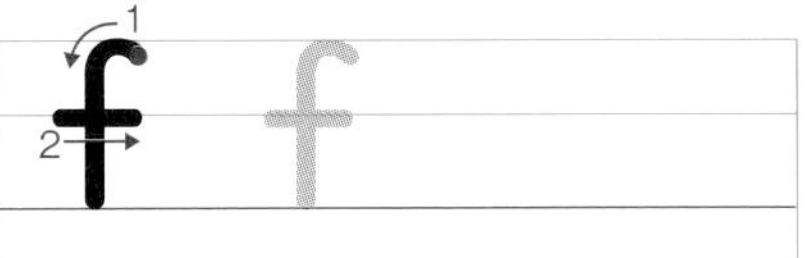
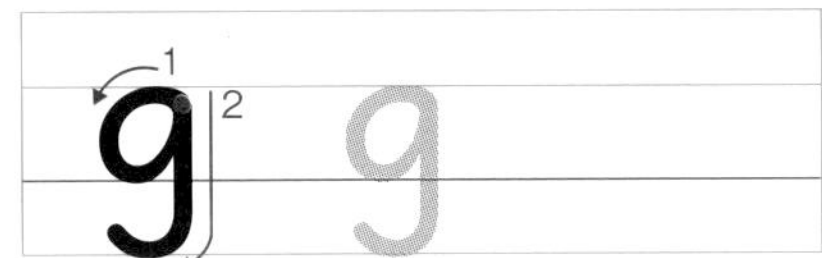
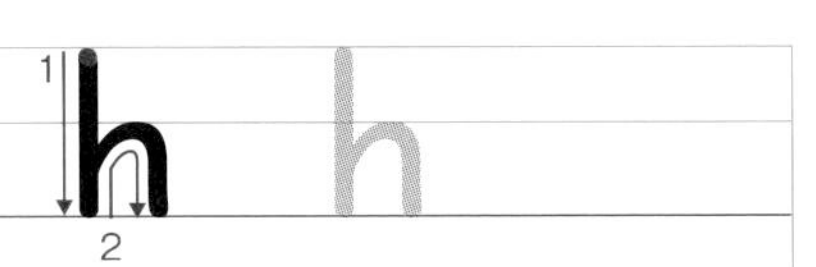
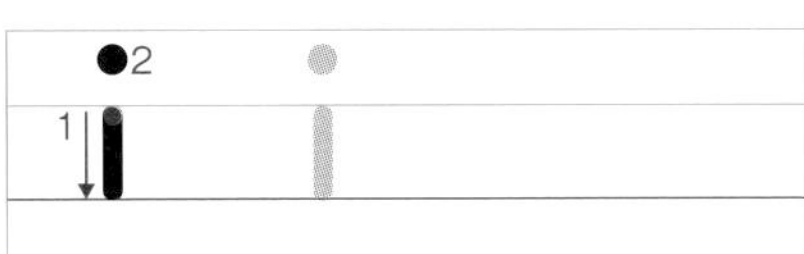
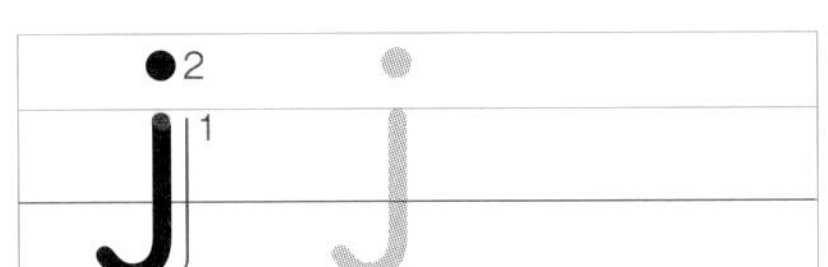
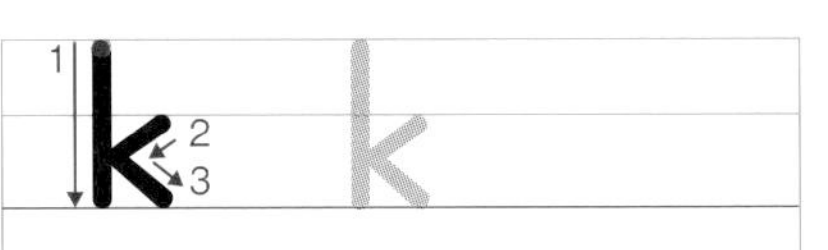
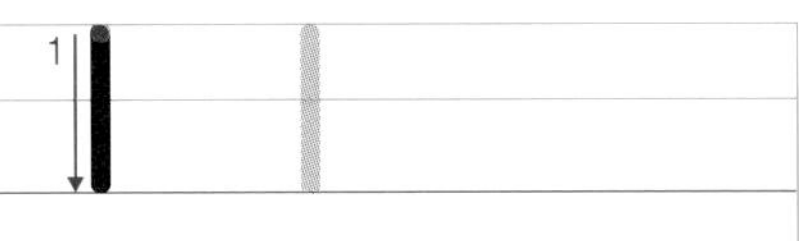
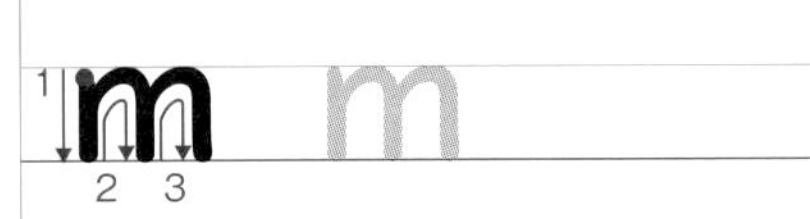
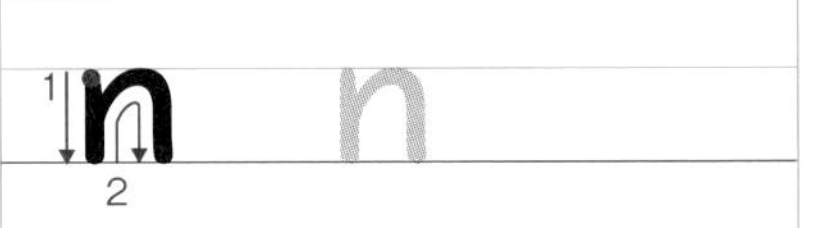
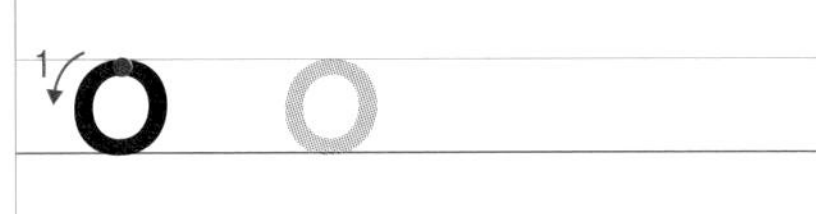
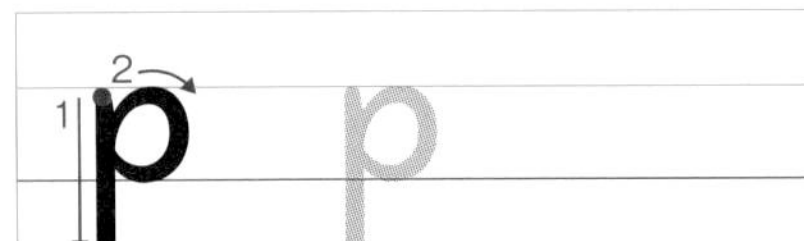
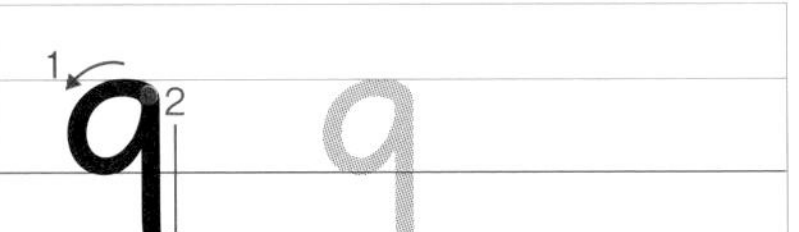
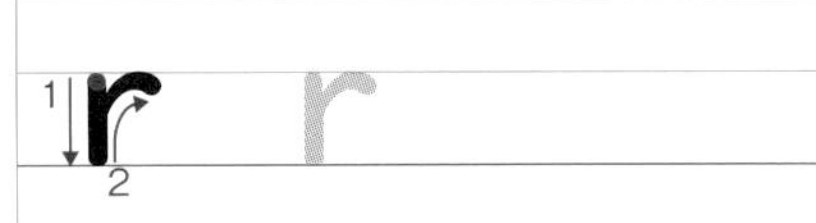
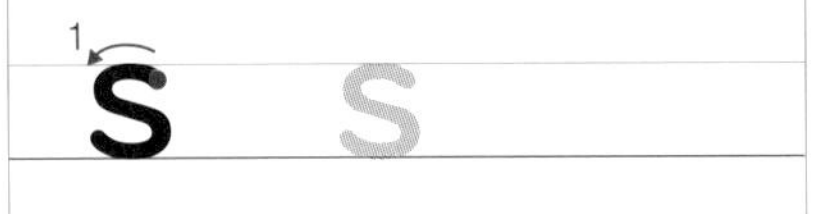
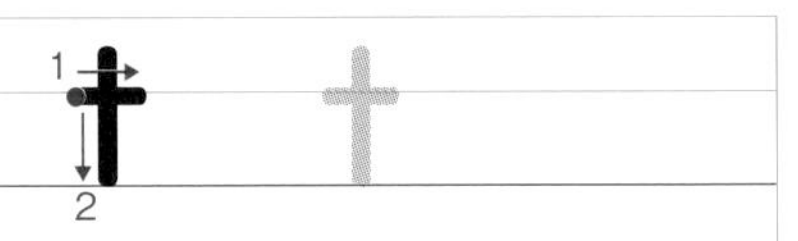
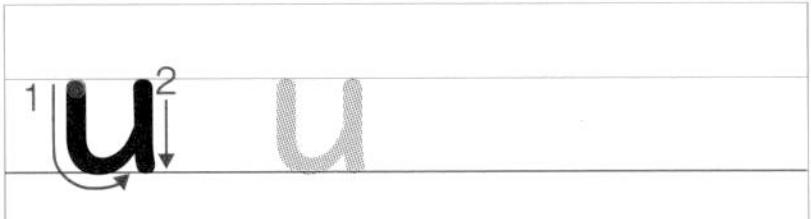
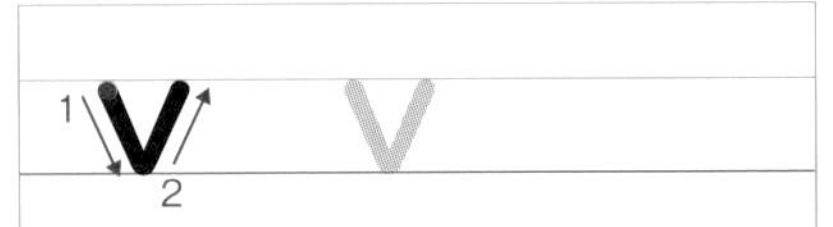
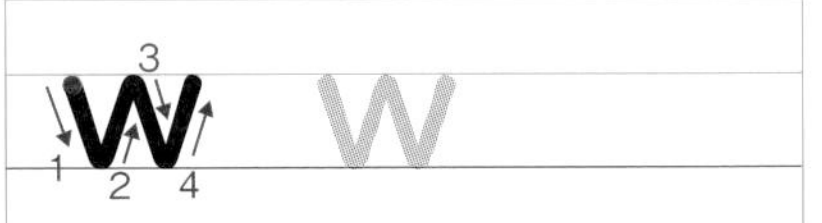
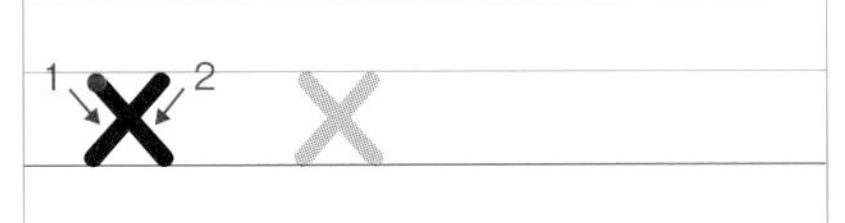
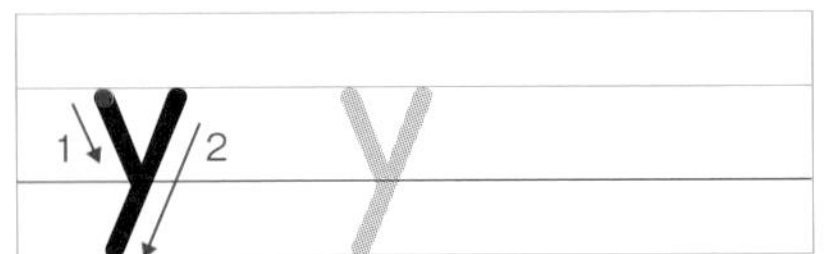
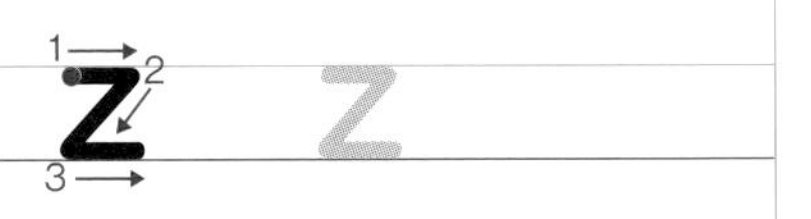
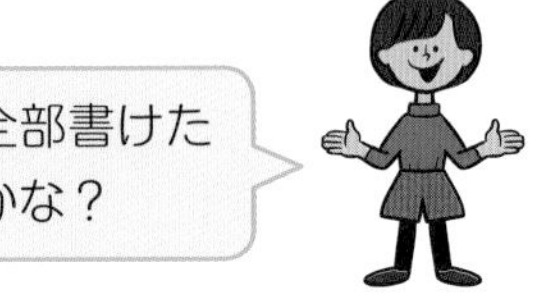
全部書けた
かな？

月　日

Hi, I'm Hana. H-a-n-a. ①

学習の目標
食べものや動物などを表すことばを英語で言えるようになりましょう。

音声

教科書　8～9 ページ

食べものや動物などを表すことばを覚えよう！

✪ リズムに合わせて、声に出して言いましょう。

□ **cherry** 複 cherries
サクランボ

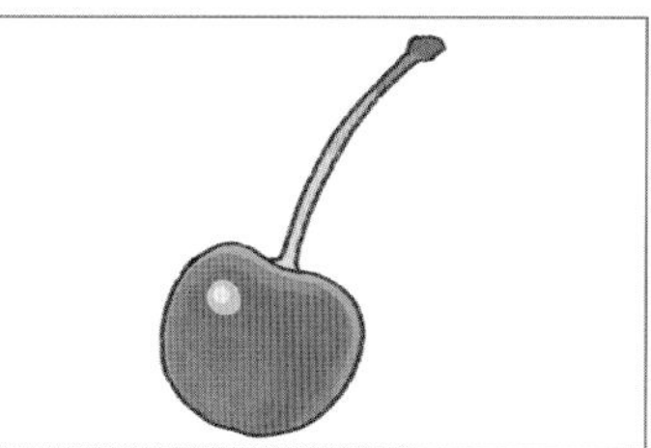

□ **strawberry** 複 strawberries
イチゴ

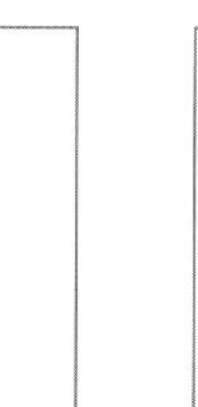

□ **apple** 複 apples
リンゴ

□ **banana** 複 bananas
バナナ

□ **green pepper** 複 green peppers
ピーマン

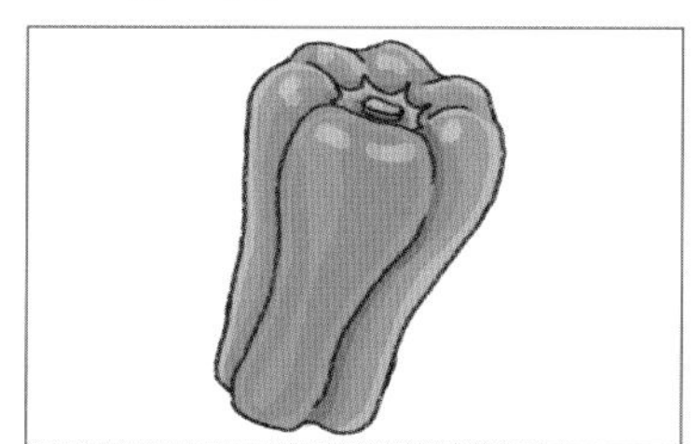

□ **swimming**
水泳

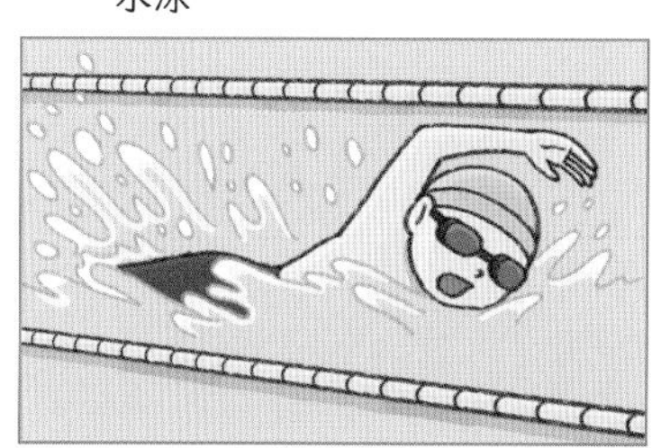

□ **soccer**
サッカー

□ **rabbit** 複 rabbits
ウサギ

□ **cat** 複 cats
ネコ

□ **tiger** 複 tigers
トラ

□ **red**
あか

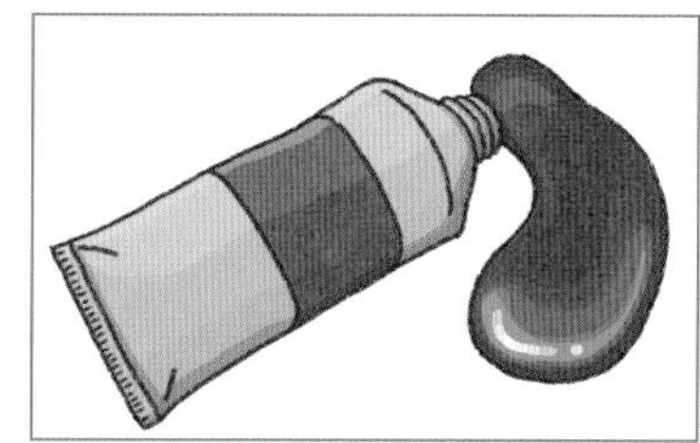

□ **black**
くろ

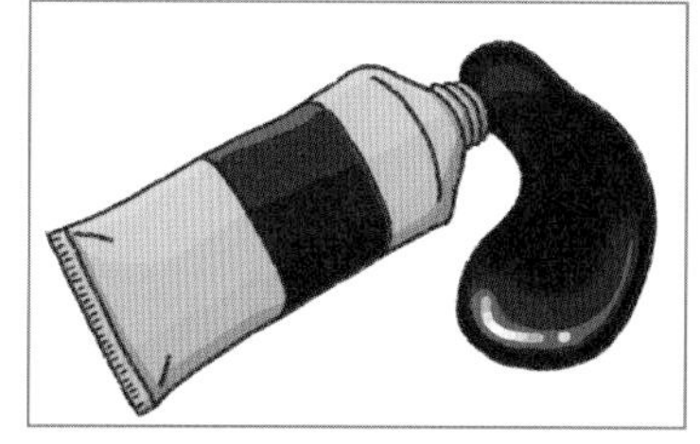

複…2 つ以上のときの形（複数形）

書いて練習のワーク

読みながらなぞって、もう１～２回書きましょう。

cherry
サクランボ

strawberry
イチゴ

apple
リンゴ

banana
バナナ

green pepper
ピーマン

swimming
水泳

soccer
サッカー

rabbit
ウサギ

cat
ネコ

tiger
トラ

red
あか

black
くろ

ネコの「ニャーオ」という鳴き声は、英語では meow［ミアウ］、mew［ミュー］と言うよ。イヌのほえる声「ワンワン」は、bowwow［バウワウ］と言うよ。

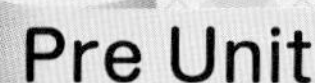

勉強した日 月 日

Hi, I'm Hana. H-a-n-a. ②

基本のワーク

学習の目標
ローマ字で名前や地名を書けるようになりましょう。

教科書 10～11 ページ

ヘボン式ローマ字表

✪ 声に出して言いましょう。　言えたらチェック

大文字/小文字	あ A/a	い I/i	う U/u	え E/e	お O/o			
K/k	か ka	き ki	く ku	け ke	こ ko	きゃ kya	きゅ kyu	きょ kyo
S/s	さ sa	し shi[si]	す su	せ se	そ so	しゃ sha[sya]	しゅ shu[syu]	しょ sho[syo]
T/t	た ta	ち chi[ti]	つ tsu[tu]	て te	と to	ちゃ cha[tya]	ちゅ chu[tyu]	ちょ cho[tyo]
N/n	な na	に ni	ぬ nu	ね ne	の no	にゃ nya	にゅ nyu	にょ nyo
H/h	は ha	ひ hi	ふ fu[hu]	へ he	ほ ho	ひゃ hya	ひゅ hyu	ひょ hyo
M/m	ま ma	み mi	む mu	め me	も mo	みゃ mya	みゅ myu	みょ myo
Y/y	や ya		ゆ yu		よ yo			
R/r	ら ra	り ri	る ru	れ re	ろ ro	りゃ rya	りゅ ryu	りょ ryo
W/w	わ wa							
N/n	ん n							
G/g	が ga	ぎ gi	ぐ gu	げ ge	ご go	ぎゃ gya	ぎゅ gyu	ぎょ gyo
Z/z	ざ za	じ ji[zi]	ず zu	ぜ ze	ぞ zo	じゃ ja[zya]	じゅ ju[zyu]	じょ jo[zyo]
D/d	だ da	ぢ ji[zi]	づ zu	で de	ど do			
B/b	ば ba	び bi	ぶ bu	べ be	ぼ bo	びゃ bya	びゅ byu	びょ byo
P/p	ぱ pa	ぴ pi	ぷ pu	ぺ pe	ぽ po	ぴゃ pya	ぴゅ pyu	ぴょ pyo

- アルファベットを使って、日本語を表す書き方がローマ字です。
- ローマ字にはヘボン式と訓令式があり、ヘボン式と訓令式でちがう書き方をするものは、青字で示しています。[　]内に記したのが、訓令式です。
- 人の名前や地名にはふつう、ヘボン式ローマ字を使い、書き出しは大文字にします。
- 「ん」は b、m、p の前では m を使うことがあります。　例：tempura（天ぷら）
- つまる音「っ」はその次の文字を重ねて表すことが多いです。　例：Sapporo（札幌（さっぽろ））

読みながらなぞって、もう２回書きましょう。

Takeshi

タケシ

Ryuji

リュウジ

Junko

ジュンコ

Chie

チエ

Maeda

マエダ

Kyoto

京都

Sapporo

札幌

natto

納豆（なっとう）

tempura

天ぷら

tempura（天ぷら）、sushi（すし）、anime（アニメ）、kimono（着物）、karaoke（カラオケ）のように、英語として使われるようになった日本語もあるよ。

勉強した日  月　日

Hi, I'm Hana. H-a-n-a. ③

基本のワーク

学習の目標

初対面の相手に自己しょうかいが英語でできるようになりましょう。

音声 

 a03  教科書 8〜11 ページ

1 自分の名前と好きなもの、好きではないものの言い方

言えたらチェック

Hi, I'm Momoka.
やあ、わたしはモモカです。

I like cats.
わたしはネコが好きです。

I don't like tigers.
わたしはトラが好きではありません。

- 「わたしは〜です」は、**I'm 〜.** と言います。「〜」に自分の名前を入れます。
- 「わたしは〜が好きです」は、**I like 〜.** と言います。「〜」にものを表すことばを入れます。
- 「わたしは〜が好きではありません」は、**I don't like 〜.** と言います。

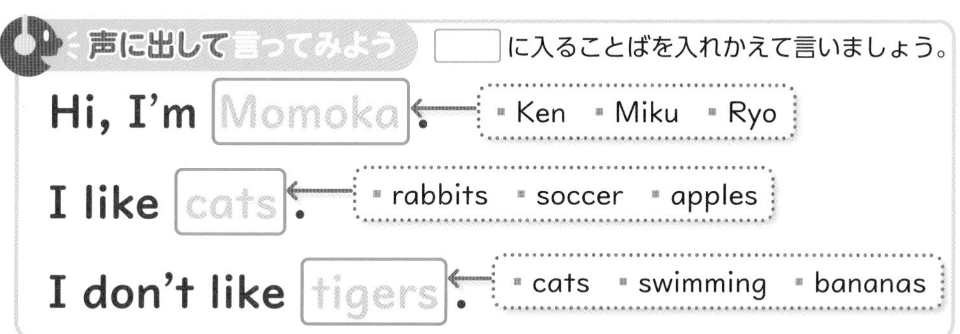

声に出して言ってみよう　□ に入ることばを入れかえて言いましょう。

Hi, I'm [Momoka]. ← ・Ken ・Miku ・Ryo

I like [cats]. ← ・rabbits ・soccer ・apples

I don't like [tigers]. ← ・cats ・swimming ・bananas

表現べんり帳

Hi. 以外に、Hello.（やあ／こんにちは）と言うこともできます。また、自分の名前を言うときは、My name is 〜.（わたしの名前は〜です）と言うこともできます。

2 名前のつづりのたずね方と答え方

言えたらチェック

How do you spell your name?
あなたの名前はどうつづりますか。

M-o-m-o-k-a.
エム・オウ・エム・オウ・ケイ・エイ。

Momoka.
モモカです。

- 「あなたの名前はどうつづりますか」は、**How do you spell your name?** と言います。
- 名前のつづりを答えるときは、アルファベットをつづりの順に言います。

声に出して言ってみよう　□ に入ることばを入れかえて言いましょう。

たずね方　How do you spell your name?

答え方　[M-o-m-o-k-a]. ← ・K-e-n ・M-i-k-u ・R-y-o

[Momoka]. ← ・Ken ・Miku ・Ryo

ちょこっとプラス

名前のスペルを書くときは、アルファベットをハイフン (-) でつなぎます。

ステップアップ　「わたしは〜が大好きです」は、very much［ヴェリィ マッチ］を文末において、I like 〜 very much. と言います。

書いて練習のワーク

読みながらなぞって、もう1回書きましょう。

Hi, I'm Momoka.

やあ、わたしはモモカです。

I like cats.

わたしはネコが好きです。

I like soccer.

わたしはサッカーが好きです。

I don't like tigers.

わたしはトラが好きではありません。

I don't like swimming.

わたしは水泳が好きではありません。

How do you spell your name?

あなたの名前はどうつづりますか。

英語のトビラ！ 英語で日本人の名前を言うときは、「名前→名字」の順に言っても、日本語と同じように「名字→名前」の順に言ってもいいよ。例 I'm Keiko Hayashi. / I'm Hayashi Keiko.（わたしはハヤシケイコです）

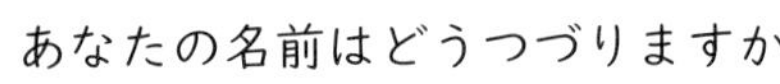

1 音声を聞いて、それぞれが何が好きなのか線で結びましょう。

t01

2 音声を聞いて、それぞれの名前を（ ）にカタカナで書きましょう。

t02

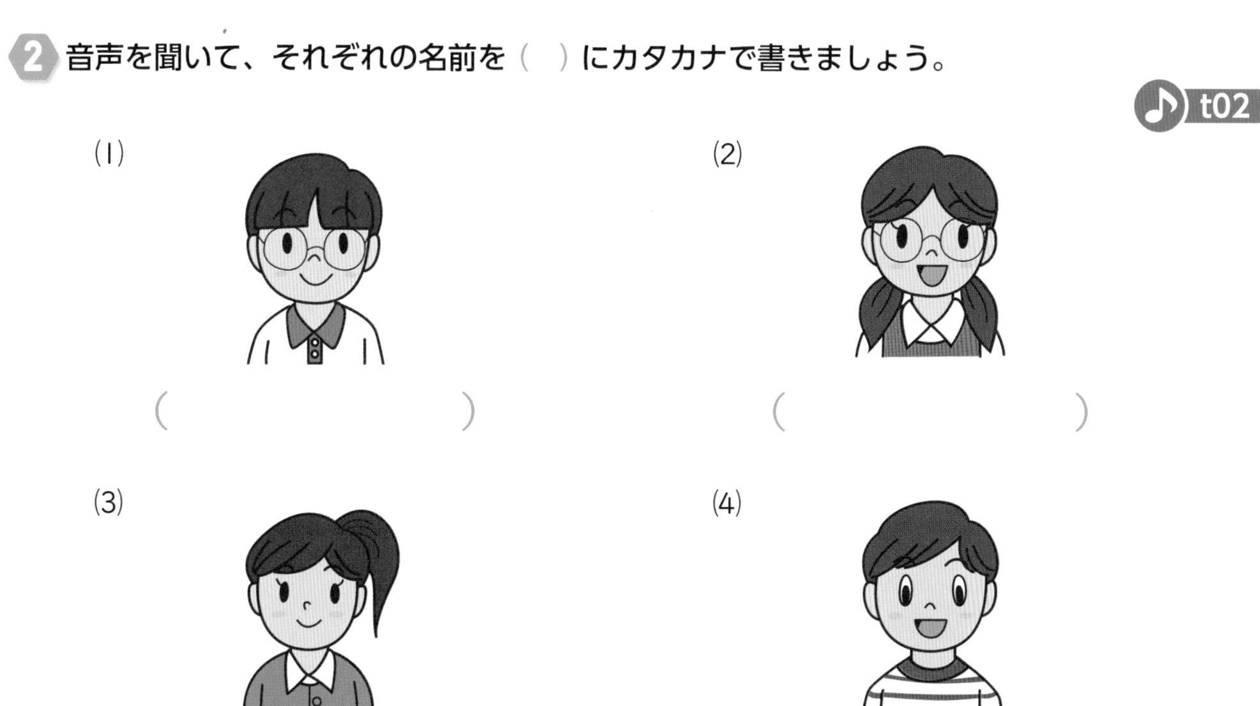

まとめのテスト

勉強した日 月 日

Pre Unit Hi, I'm Hana. H-a-n-a.

得点 /50点

教科書 8~11ページ 答え 2ページ

1 英語の意味を表す日本語を[ ]から選んで、( )に書きましょう。 1つ5点〔20点〕

(1) soccer ( )

(2) swimming ( )

(3) red ( )

(4) rabbit ( )

あか	サッカー	ウサギ	水泳

2 日本語の意味を表す英語の文を[ ]から選んで、＿＿に書きましょう。 1つ10点〔30点〕

(1) わたしはケンです。

(2) わたしはネコが好きです。

(3) あなたの名前はどうつづりますか。

I like cats. / I'm Ken. /
How do you spell your name?

Unit 1

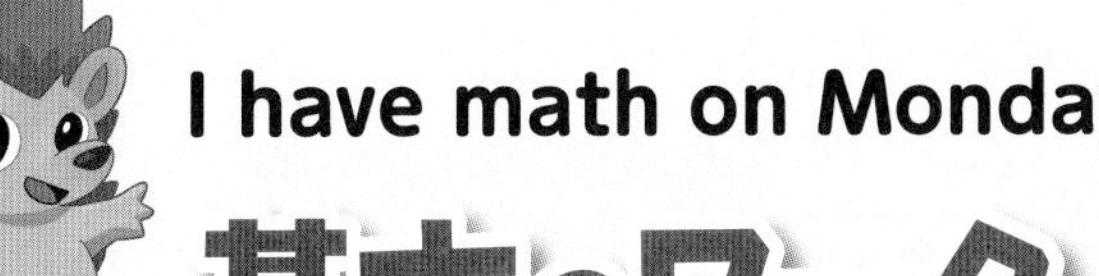

基本のワーク

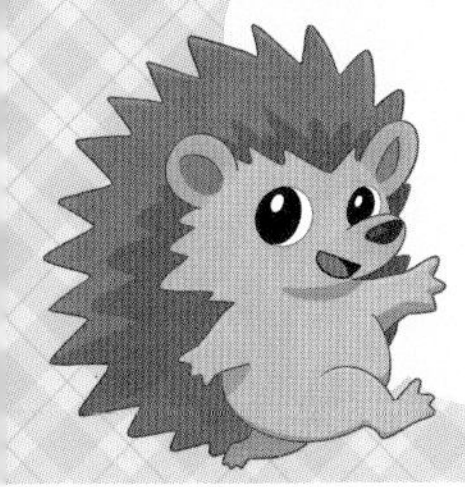

学習の目標

授業で使うものを表すことばを英語で言えるようになりましょう。

教科書 12〜15ページ

授業で使うものを覚えよう！

✪リズムに合わせて、声に出して言いましょう。 ✓言えたらチェック □□□ ♪a04

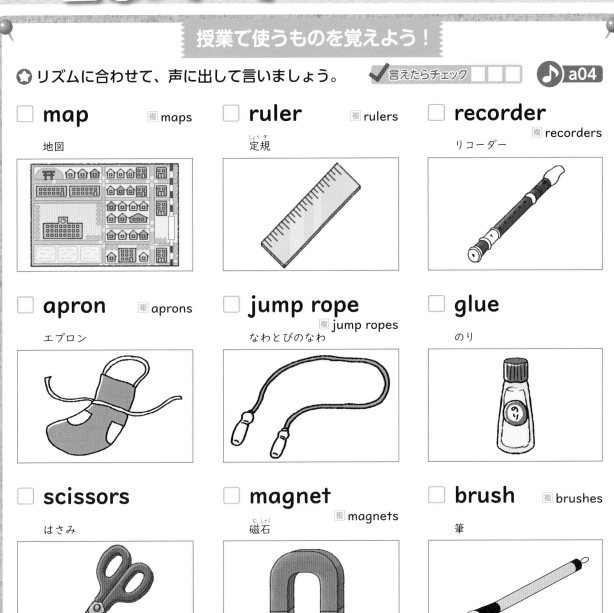

- □ **map** 複 maps
  地図 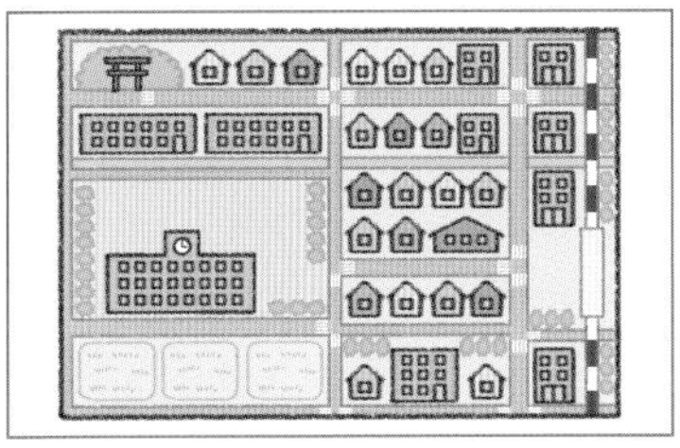
- □ **ruler** 複 rulers
  定規（じょうぎ） 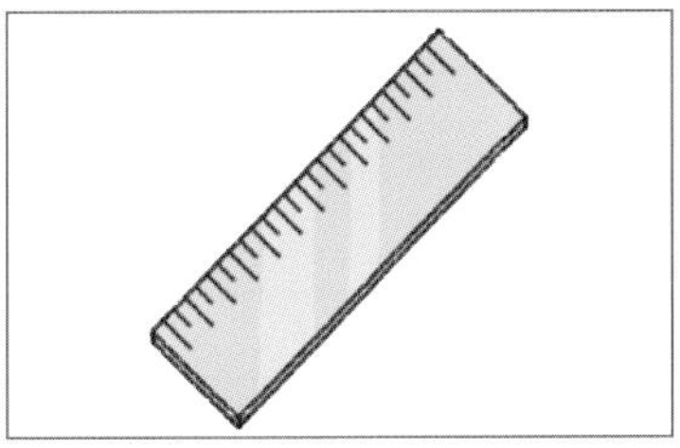
- □ **recorder** 複 recorders
  リコーダー 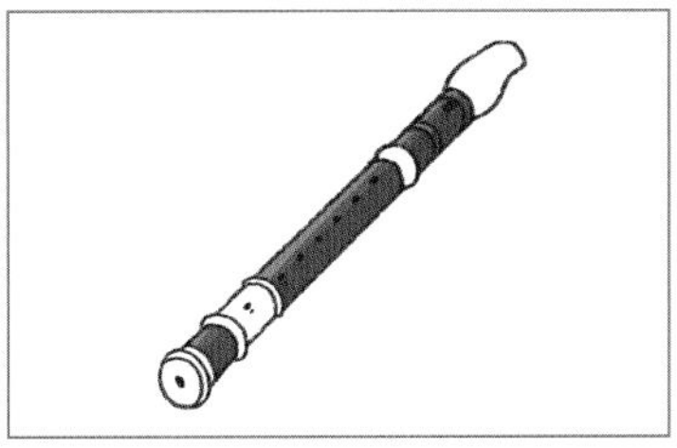
- □ **apron** 複 aprons
  エプロン 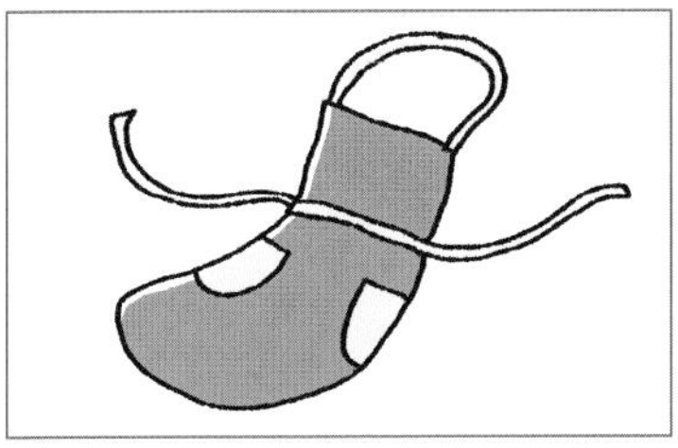
- □ **jump rope** 複 jump ropes
  なわとびのなわ 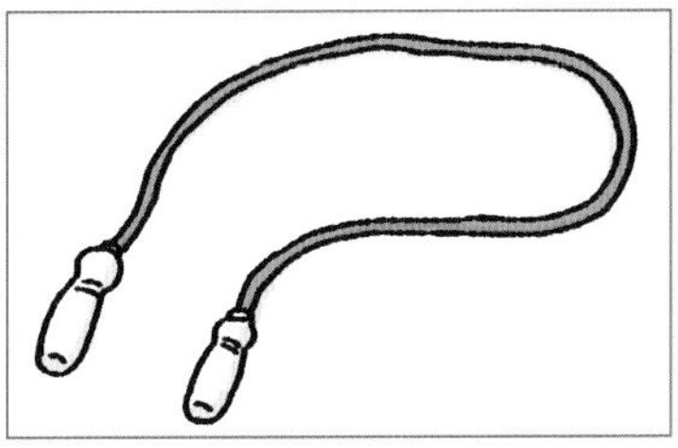
- □ **glue**
  のり 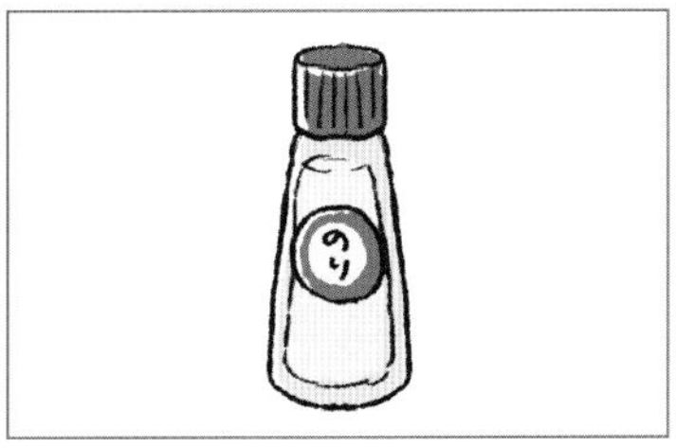
- □ **scissors**
  はさみ 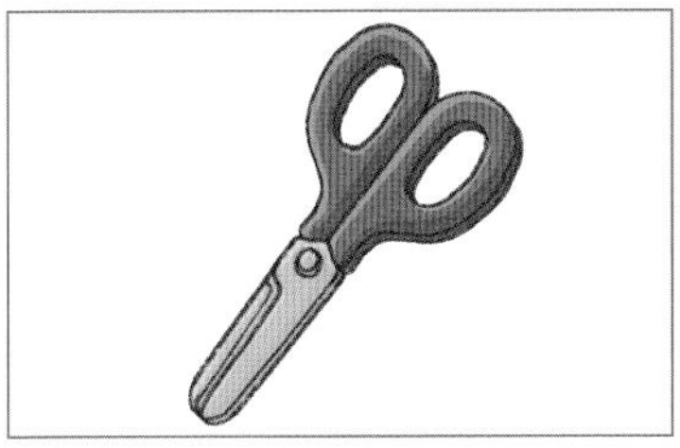
- □ **magnet** 複 magnets
  磁石（じしゃく） 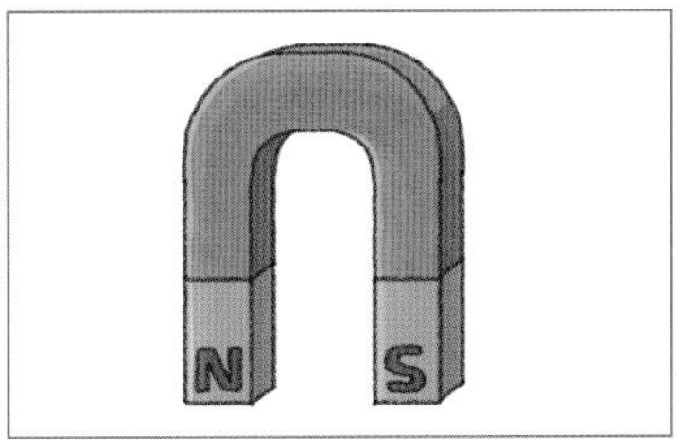
- □ **brush** 複 brushes
  筆

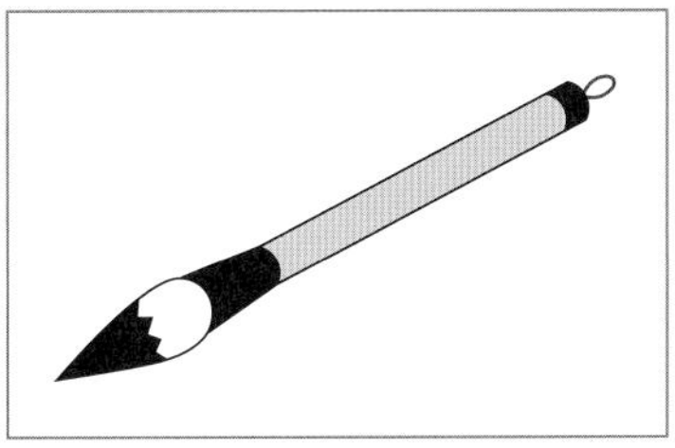

複…2つ以上のときの形（複数形（ふくすう））

Word ワードボックス ♪a05

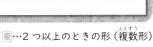

- □ cooking　料理すること、料理
- □ swimming　水泳
- □ watching the stars　星を見ること
- □ fun　楽しみ
- □ exciting　わくわくさせる
- □ drawing　絵をかくこと
- □ writing *kanji*　漢字を書くこと
- □ reading　読書
- □ interesting　おもしろい

勉強した日　月　日

書いて練習のワーク

✪ 読みながらなぞって、もう1～2回書きましょう。

map

地図

ruler

定規

recorder

リコーダー

apron

エプロン

jump rope

なわとびのなわ

glue

のり

scissors

はさみ

magnet

磁石

brush

筆

英語で「じゃんけん」は、rock, paper, scissors［ラック ペイパァ スィザズ］と言うよ。rock（岩、石）が「グー」、paper（紙）が「パー」、scissors（はさみ）が「チョキ」だよ。

勉強した日　月　日

I have math on Monday. ②

基本のワーク

学習の目標
教科を表すことばを英語で言えるようになりましょう。

音声

教科書 12～15ページ

教科を表すことばを覚えよう！

リズムに合わせて、声に出して言いましょう。　言えたらチェック　a06

□ **subject**　複 subjects
教科、科目

□ **music**
音楽

□ **science**
理科、科学

□ **Japanese**
国語、日本語

□ **English**
英語

□ **math**
算数、数学

□ **social studies**
社会科

□ **arts and crafts**
図画工作

□ **P.E.**
体育

□ **calligraphy**
書道

□ **home economics**
家庭科

□ **moral education**
道徳

読みながらなぞって、書きましょう。

subject
教科、科目

Japanese
国語、日本語

English
英語

social studies
社会科

arts and crafts
図画工作

calligraphy
書道

home economics
家庭科

moral education
道徳

music
音楽

science
理科、科学

math
算数、数学

P.E.
体育

P.E. は physical education［フィズィカル エヂュケイション］をちぢめた言い方だよ。physical は「身体の」、education は「教育」という意味だよ。

Unit 1

勉強した日 月 日

学習の目標
時間わりにある教科や好きな教科を英語で言えるようになりましょう。

音声

I have math on Monday. ③

a07 教科書 12～15ページ

1 今日の時間わりにある教科や持っているものの言い方

言えたらチェック

✿「わたしは～があります［を持っています］」は、I have ～. と言います。

表現べんり帳
have には「～がある」、「～を持っている」という意味以外に、「～を飼っている」などの意味もあります。

2 好きな教科のたずね方と答え方

I like math. It's fun.

✿「あなたは何の教科が好きですか」は、What subject do you like? と言います。

✿「わたしは～が好きです」は、I like ～. と言います。「～」に教科を表すことばを入れます。

✿「それは～です」と好きな理由を言うときは、It's ～. と言います。

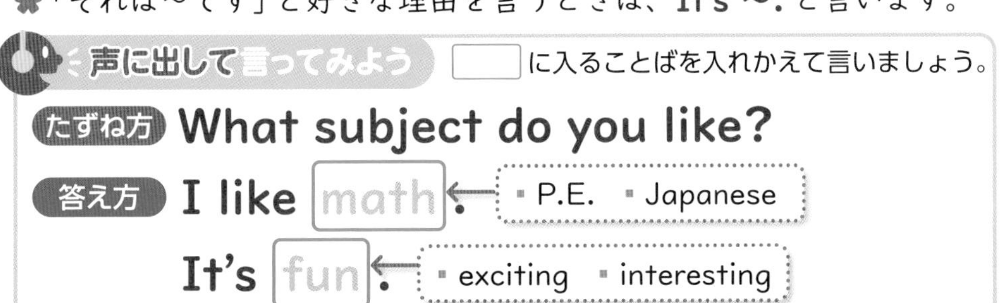

声に出して言ってみよう
に入ることばを入れかえて言いましょう。
・a map ・a magnet ・a ruler
たずね方 What subject do you like?
答え方 I like math.
・P.E. ・Japanese
It's fun.
・exciting ・interesting

表現べんり帳
what のあとにことばをつけていろいろなことをたずねることができます。
例 what food（何の食べもの）、what color（何色）

I like math and P.E.（わたしは算数と体育が好きです）のように、２つの教科について好きだと言うときは、and（～と…）を使います。

書いて練習のワーク

✪ 読みながらなぞって、もう1回書きましょう。

I have music today.

今日はわたしは音楽があります。

I have a recorder.

わたしはリコーダーを持っています。

What subject do you like?

あなたは何の教科が好きですか。

I like math.

わたしは算数が好きです。

I like Japanese.

わたしは国語が好きです。

It's fun.

それは楽しいです。

英語のトビラ！ math は mathematics［マセマティクス］を短くした言い方だよ。math の th は、舌（した）の先を前歯で軽くかむようにし、そのすき間から「ス」と息だけを出して発音するよ。

月　日

I have math on Monday. ④

基本のワーク

曜日名を英語で言えるようになりましょう。

教科書 16〜19 ページ

曜日名を覚えよう！

リズムに合わせて、声に出して言いましょう。

□ **Sunday**
日曜日

□ **Monday**
月曜日

□ **Tuesday**
火曜日

□ **Wednesday**
水曜日

□ **Thursday**
木曜日

□ **Friday**
金曜日

□ **Saturday**
土曜日

□ **today**
今日

□ **day**　 days
日、1日

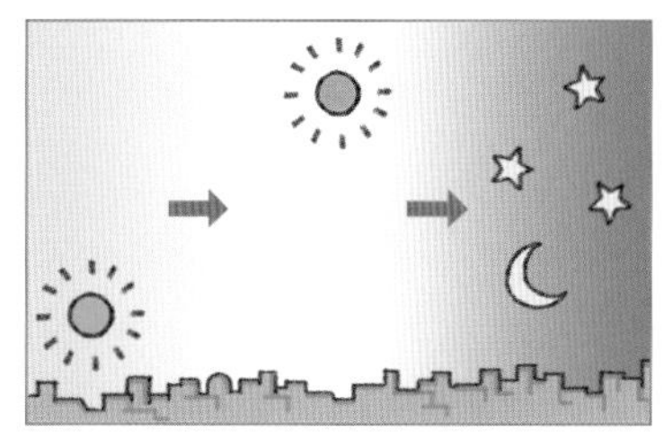

複…2つ以上のときの形（複数形）

a09

□ class(es)　クラス、授業　□ school(s)　学校　□ computer(s)　コンピューター

曜日は短くした形で表すこともあります。

Sunday → Sun.　Monday → Mon.　Tuesday → Tue.　Wednesday → Wed.　Thursday → Thu.
Friday → Fri.　Saturday → Sat.

読みながらなぞって、もう１～２回書きましょう。

Sunday

日曜日

Monday

月曜日

Tuesday

火曜日

Wednesday

水曜日

Thursday

木曜日

Friday

金曜日

Saturday

土曜日

today

今日

day

日、１日

曜日名は文の途中でもいつも大文字で書きはじめるよ。アメリカでは週の始まりを日曜日とすることが多いんだ。

勉強した日 月 日

I have math on Monday. ⑤

基本のワーク

学習の目標
何曜日に何の授業があるのかを英語で言えるようになりましょう。

音声

a10 教科書 16〜19ページ

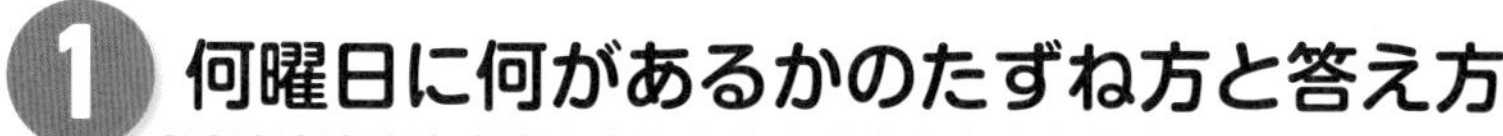

1 何曜日に何があるかのたずね方と答え方

言えたらチェック

✿「あなたは〜曜日には何がありますか」は、**What do you have on 〜?** と言います。

✿たずねられた曜日にある教科を答えるときは、**I have ... on 〜.** と言います。

声に出して言ってみよう
□に入ることばを入れかえて言いましょう。
たずね方 What do you have on Monday ?
答え方 I have science on Monday .
math calligraphy
Wednesday Tuesday

ちょこっとプラス
「〜曜日に」と曜日について言うときは〈on＋曜日名〉、「〜月に」と月について言うときは〈in＋月名〉(→30ページ) で表します。

2 時間わりにある教科の言い方

言えたらチェック

I have science, English, arts and crafts, and music.
わたしは理科と英語、図画工作、音楽があります。

✿教科について「わたしは〜があります」と言うときは、**I have 〜.** と言います。「〜」には教科を表すことばを入れます。

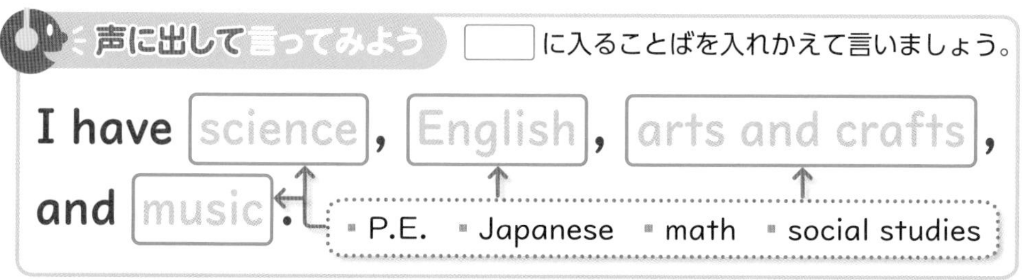

声に出して言ってみよう
□に入ることばを入れかえて言いましょう。
I have science, English, arts and crafts,
and music.
P.E. Japanese math social studies

ちょこっとプラス
3つ以上のものをならべるときは、A, B, C, and Dのように最後のことばの前にandを置き、それより前のことばはコンマ(,)で区切ります。

ステップアップ
20ページにあるsubjectを使い、What subject do you have on Monday?（あなたは月曜日には何の教科がありますか）と言うこともできます。

書いて練習のワーク

読みながらなぞって、もう1回書きましょう。

What do you have on Monday?

あなたは月曜日には何がありますか。

I have science on Monday.

わたしは月曜日には理科があります。

I have math on Wednesday.

わたしは水曜日には算数があります。

I have science, English,
arts and crafts, and music.

わたしは理科と英語、図画工作、音楽があります。

What subject do you like?、What do you have on Monday?、How do you spell your name? のように、what や how で始まる文は、文の最後は下げ調子（↘）で言うよ。

教科書 12〜19ページ　答え 2ページ

1 音声を聞いて、絵の内容（ないよう）と合っていれば○を、合っていなければ×を（　）に書きましょう。 t03

(1) 今日（　　　）

(2) 今日（　　　）

(3) 火曜日（　　　）

(4) 金曜日（　　　）

2 音声を聞いて、それぞれの人物が好きな教科を、「教科名」のらんの（　）に日本語で書きましょう。また、その教科が好きな理由を表すことばを、下のア〜ウから選んで「好きな理由」のらんの（　）に記号を書きましょう。 t04

	名　前	教科名	好きな理由
(1)	Toru	（　　　　）	（　　　）
(2)	Makiko	（　　　　）	（　　　）
(3)	Daichi	（　　　　）	（　　　）

ア fun　　イ interesting　　ウ exciting

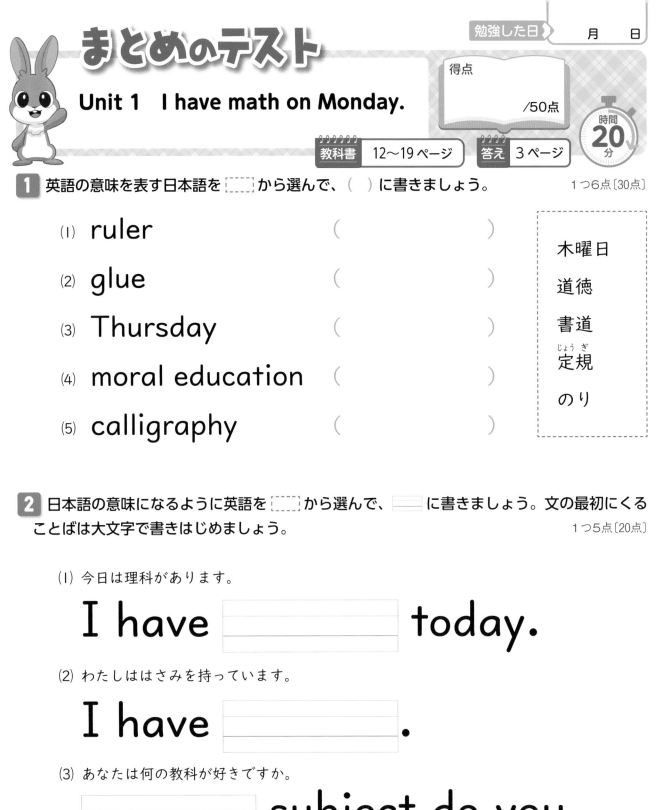

まとめのテスト

Unit 1　I have math on Monday.

勉強した日　　月　　日

得点　　/50点

時間 20分

教科書 12〜19ページ　答え 3ページ

1 英語の意味を表す日本語を［　］から選んで、(　)に書きましょう。　1つ6点〔30点〕

(1) ruler　(　　　　)

(2) glue　(　　　　)

(3) Thursday　(　　　　)

(4) moral education　(　　　　)

(5) calligraphy　(　　　　)

［木曜日 / 道徳 / 書道 / 定規（じょうぎ） / のり］

2 日本語の意味になるように英語を［　］から選んで、＿＿に書きましょう。文の最初にくることばは大文字で書きはじめましょう。　1つ5点〔20点〕

(1) 今日は理科があります。

I have ＿＿＿＿ today.

(2) わたしははさみを持っています。

I have ＿＿＿＿.

(3) あなたは何の教科が好きですか。

＿＿＿＿ subject do you like?

(4) わたしは水曜日には国語があります。

I have Japanese on ＿＿＿＿.

［science / Tuesday / Wednesday / scissors / what］

Unit 2

月　日

My birthday is May 25th. ①

基本のワーク

学習の目標

月の名前を英語で言えるようになりましょう。

音声

教科書 22～29 ページ

月の名前を覚えよう！

リズムに合わせて、声に出して言いましょう。

□ January

１月

□ February

２月

□ March

３月

□ April

４月

□ May

５月

□ June

６月

□ July

７月

□ August

８月

□ September

９月

□ October

10月

□ November

11月

□ December

12月

読みながらなぞって、もう1～2回書きましょう。

January

1月

February

2月

March

3月

April

4月

May

5月

June

6月

July

7月

August

8月

September

9月

October

10月

November

11月

December

12月

アメリカの学校では、新学年はふつう9月に始まり、次の年の5月に終わるよ。夏休みが約3か月もあるんだ。

勉強した日 月 日

My birthday is May 25th. ②

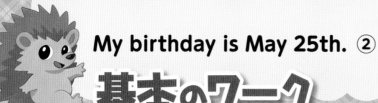

基本のワーク

学習の目標
ものを表すことばを英語で言えるようになりましょう。

音声

教科書 22～29 ページ

ものを表すことばを覚えよう！

リズムに合わせて、声に出して言いましょう。

言えたらチェック a12

☐ gloves
手ぶくろ

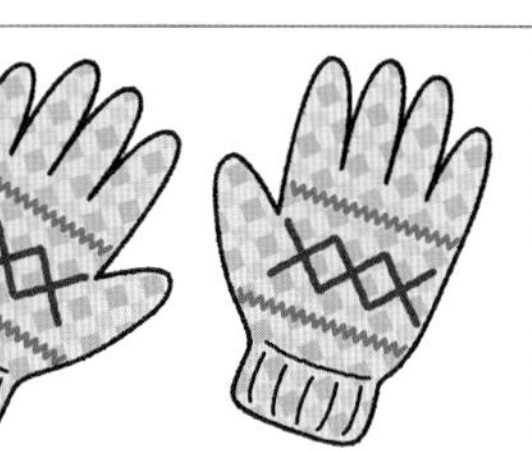

☐ soccer ball
複 soccer balls
サッカーボール

☐ bag 複 bags
かばん

☐ book 複 books
本

☐ computer game
複 computer games
コンピューターゲーム

☐ pencil case
複 pencil cases
筆箱

☐ dog 複 dogs
イヌ

☐ smartphone
複 smartphones
スマートフォン

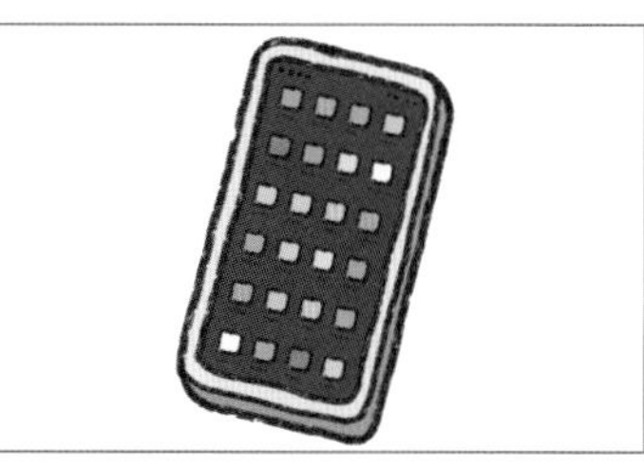

☐ cake 複 cakes
ケーキ

複…2 つ以上のときの形（複数形）

ワードボックス

a13

1～31 までの順序（～番目）、日付（～日）の表し方

＊1～3 ☐ 1st ☐ 2nd ☐ 3rd ＊21～23、31 ☐ 21st ☐ 22nd ☐ 23rd ☐ 31st

＊1～3、21～23、31 以外の数：数のあとに th をつける。

☐ 4th ☐ 5th ☐ 6th ☐ 7th ☐ 8th ☐ 9th ☐ 10th ☐ 11th ☐ 12th
☐ 13th ☐ 14th ☐ 15th ☐ 16th ☐ 17th ☐ 18th ☐ 19th ☐ 20th ☐ 24th
☐ 25th ☐ 26th ☐ 27th ☐ 28th ☐ 29th ☐ 30th

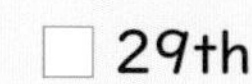

英語カード 19～23、29～38

書いて練習のワーク

読みながらなぞって、もう１～２回書きましょう。

gloves

手ぶくろ

soccer ball

サッカーボール

bag

かばん

book

本

computer game

コンピューターゲーム

pencil case

筆箱

dog

イヌ

smartphone

スマートフォン

cake

ケーキ

gloves（手ぶくろ）は、ふつう１組につき右用と左用の２つがあるので、２つ以上であることを表すsが、ことばのうしろについているんだ。手ぶくろの片方はgloveと言うよ。

勉強した日 月 日

My birthday is May 25th. ③

基本のワーク

学習の目標 誕生日やほしいものを英語で言えるようになりましょう。

♪a14 教科書 22〜29ページ

1 誕生日のたずね方と答え方

言えたらチェック

✿「あなたの誕生日はいつですか」は、**When's your birthday?** と言います。
✿「わたしの誕生日は～月…日です」は、**My birthday is 〈月＋日〉.** と言います。〈日〉は日付を表す数の言い方にします。

声に出して言ってみよう □に入ることばを入れかえて言いましょう。

たずね方 When's your birthday?
答え方 My birthday is [May 1st].

- June 23rd
- April 9th
- March 2nd

思い出そう
順序や日付を表す数を序数（じょすう）と言い、1st、2nd、3rd、4th、5th …のように表します。

2 誕生日にほしいもののたずね方と答え方

言えたらチェック

✿「あなたは誕生日に何がほしいですか」は、**What do you want for your birthday?** と言います。
✿ほしいものを答えるときは、**I want ～.**（わたしは～がほしいです）と言います。

声に出して言ってみよう □に入ることばを入れかえて言いましょう。

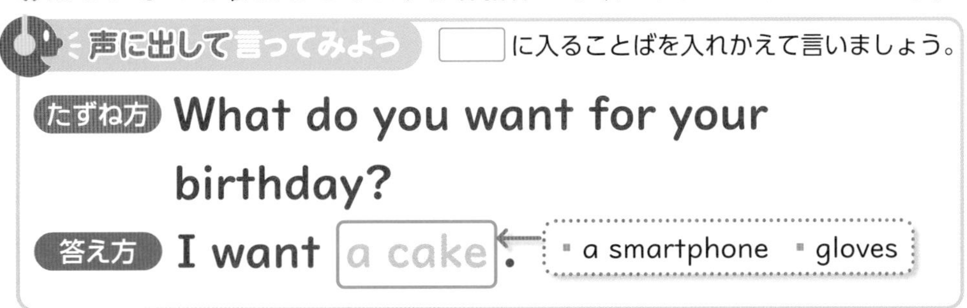

たずね方 What do you want for your birthday?
答え方 I want [a cake].

- a smartphone
- gloves

ちょこっとプラス
ものが1つのときは、ものの前に a や an をつけます。apple のように、[ア、イ、ウ、エ、オ] に似た音で始まる単語には an をつけます。

日付を書くときは、May 3（5月3日）のように、序数の 3rd ではなく、ふつうの数字（基数（きすう））の 3 で書くこともあります。

書いて練習のワーク

読みながらなぞって、もう1回書きましょう。

When's your birthday?

あなたの誕生日はいつですか。

My birthday is May 1st.

わたしの誕生日は5月1日です。

What do you want for your birthday?

あなたは誕生日に何がほしいですか。

I want a cake.

わたしはケーキがほしいです。

I want a smartphone.

わたしはスマートフォンがほしいです。

「誕生日おめでとう！」はHappy birthday!［ハピィ バ～スデイ］と言うよ。Happy birthday, Ken! のように相手の名前をつけて言うともっといいね。

Unit 2

聞いて練習のワーク

できた数 /10問中

教科書 22～29ページ 答え 3ページ

1 音声を聞いて、それぞれのほしがっているものを線で結びましょう。

t05

(1)  Ruriko

(2)  Jun

(3)  Aoi

(4)  Naoto

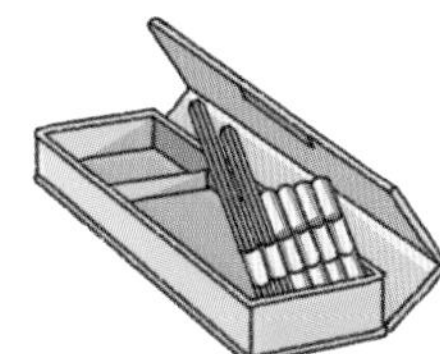

2 音声を聞いて、それぞれの誕生日(たんじょうび)について、「誕生日」のらんの( )に数字を書きましょう。また、誕生日にほしいものを下のア～ウから選んで、「ほしいもの」のらんの( )に記号を書きましょう。

t06

	名 前	誕生日	ほしいもの
(1)	Hitoshi	11月( )日	( )
(2)	Yuji	( )月18日	( )
(3)	Kento	4月( )日	( )

ア サッカーボール　イ コンピューターゲーム　ウ 手ぶくろ

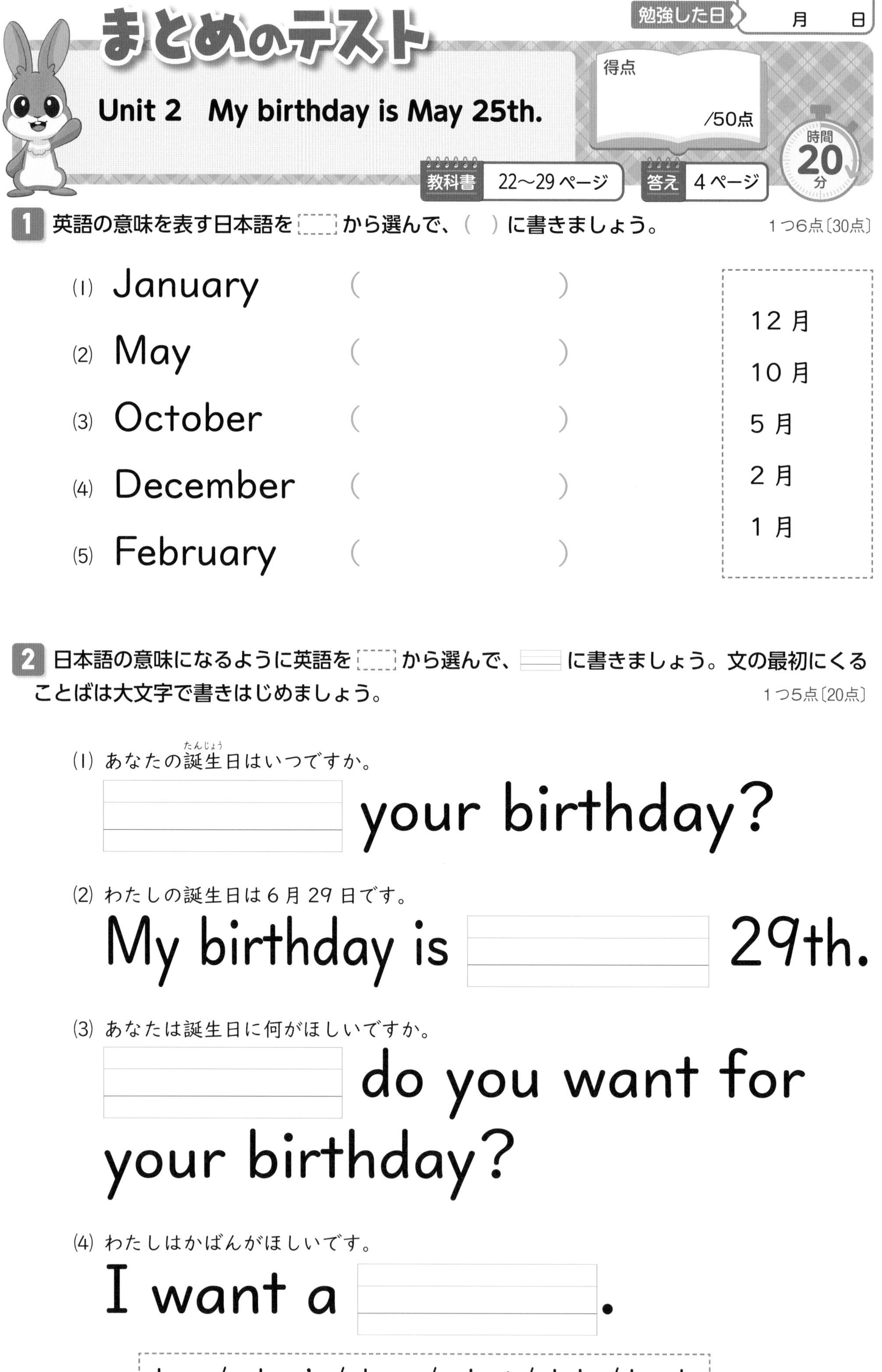

勉強した日　月　日

まとめのテスト

Unit 2　My birthday is May 25th.

得点　/50点

時間 20分

教科書 22〜29ページ　答え 4ページ

1 英語の意味を表す日本語を［　］から選んで、（　）に書きましょう。　1つ6点〔30点〕

(1) January　（　　　）
(2) May　（　　　）
(3) October　（　　　）
(4) December　（　　　）
(5) February　（　　　）

12月
10月
5月
2月
1月

2 日本語の意味になるように英語を［　］から選んで、＿＿に書きましょう。文の最初にくることばは大文字で書きはじめましょう。　1つ5点〔20点〕

(1) あなたの誕生日はいつですか。
＿＿＿＿ your birthday?

(2) わたしの誕生日は6月29日です。
My birthday is ＿＿＿＿ 29th.

(3) あなたは誕生日に何がほしいですか。
＿＿＿＿ do you want for your birthday?

(4) わたしはかばんがほしいです。
I want a ＿＿＿＿.

bag / when's / June / what / July / book

聞く
話す
読む
書く

勉強した日　月　日

I get up at 7:00. ①

基本のワーク

学習の目標

1日の動作を表すことばと時こくを英語で言えるようになりましょう。

音声

教科書 32～39ページ

1日の動作を表すことばを覚えよう！①

リズムに合わせて、声に出して言いましょう。

言えたらチェック

a15

- ☐ get up 起きる

- ☐ eat breakfast 朝食を食べる

- ☐ go to school 学校に行く

- ☐ get home 家に着く

- ☐ do my homework （わたしの）宿題をする

- ☐ play basketball バスケットボールをする

- ☐ go to bed ねる

- ☐ eat dinner 夕食を食べる

- ☐ brush my teeth （わたしの）歯をみがく

ワードボックス

a16

☐ seven / seven o'clock 7:00	☐ six thirteen 6:13	☐ six thirty 6:30
☐ eight fourteen 8:14	☐ eight forty 8:40	☐ one thirty-five 1:35
☐ in the morning 朝に、午前中に	☐ after breakfast 朝食後に	☐ before sleeping ねむる前に

ことば解説

「～時ちょうど」は、数字のあとにo'clock［オクラック］をつけることもあります。

英語カード 150～156

書いて練習のワーク

読みながらなぞって、書きましょう。

get up

起きる

eat breakfast

朝食を食べる

go to school

学校に行く

get home

家に着く

do my homework

（わたしの）宿題をする

play basketball

バスケットボールをする

go to bed

ねる

eat dinner

夕食を食べる

brush my teeth

（わたしの）歯をみがく

go to bed は「ベッドに行く」→「ねるためにベッドに入る」という動作を表し、実際にねむることを表すわけではないよ。「ねむる」という意味を表すのは sleep［スリープ］だよ。

月　日

I get up at 7:00. ②

基本のワーク

学習の目標

1日の動作と頻度を表すことばを英語で言えるようになりましょう。

32〜39 ページ

1日の動作を表すことばを覚えよう！②

✪ リズムに合わせて、声に出して言いましょう。

☐ **clean my room**

（わたしの）部屋をそうじする

☐ **set the table**

食卓の用意をする

☐ **water the flowers**

花に水をやる

☐ **wash the dishes**

食器をあらう

☐ **take out the garbage**

ごみ出しをする

☐ **walk the dog**

イヌの散歩をする

☐ **eat lunch**

昼食を食べる

☐ **read a book**

本を読む

☐ **feed the dog**

イヌにえさをやる

♪ a18

☐ always　毎回、いつも

☐ usually　たいてい

☐ sometimes　ときどき

☐ never　まったくしない

動作がくり返される度合いを頻度と言い、always → usually → sometimes → never の順に頻度は低くなります。

読みながらなぞって、書きましょう。

clean my room

（わたしの）部屋をそうじする

set the table

食卓の用意をする

water the flowers

花に水をやる

wash the dishes

食器をあらう

take out the garbage

ごみ出しをする

walk the dog

イヌの散歩をする

eat lunch

昼食を食べる

read a book

本を読む

feed the dog

イヌにえさをやる

wash は「あらう」という意味だよ。the dishes は、食事に使った食器類のことだよ。

I get up at 7:00. ③

基本のワーク

学習の目標
現在の時こくと何時に何をするのかを英語で言えるようになりましょう。

a19 教科書 32～39 ページ

1 現在の時こくの言い方

言えたらチェック

It's 6:30 now.
今6時30分です。

「今…時（－分）です」は、It's〈時こく〉now. と言います。It's は It is をちぢめた言い方です。now は省くこともできます。

声に出して言ってみよう　□に入ることばを入れかえて言いましょう。

It's 6:30 now.

・12:30 ・5:00 ・10:30

表現べんり帳
「午前」は a.m.［エイエム］、「午後」は p.m.［ピーエム］で表すこともあります。
例 It's 6 a.m.（午前6時です）/ It's 6 p.m.（午後6時です）

2 動作をする時こくのたずね方と答え方

「あなたは何時に～しますか」は、What time do you ～? と言います。

答えるときは、I ～〈at ＋時こく〉. と言います。「～」には動作を表すことばが入ります。

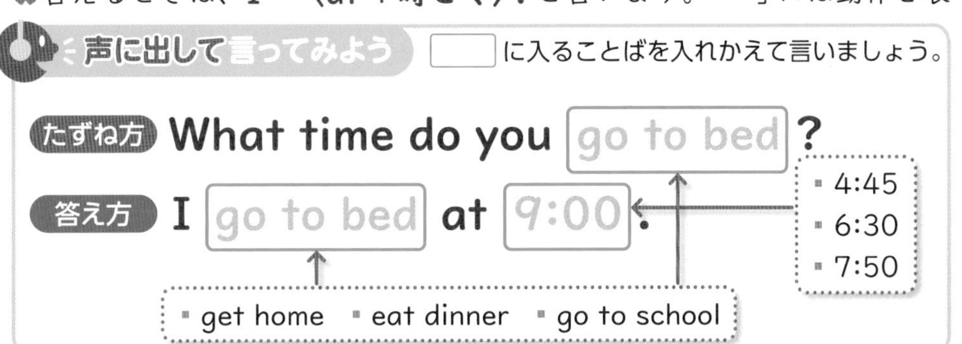

声に出して言ってみよう　□に入ることばを入れかえて言いましょう。
たずね方 What time do you go to bed ?
答え方 I go to bed at 9:00.
・4:45 ・6:30 ・7:50
・get home ・eat dinner ・go to school

表現べんり帳
time は「時間」という意味です。「(今、) 何時ですか」と時こくをたずねるときは、What time is it (now)? と言います。

ステップアップ　時こく以外に、in the morning（朝に、午前中に）、in the evening（夕方に、晩に）、after breakfast（朝食後に）、before dinner（夕食の前に）などのことばを使って、時間を表すこともできます。

✪読みながらなぞって、もう１回書きましょう。

It's 6:30 now.

今６時 30 分です。

What time do you go to bed?

あなたは何時にねますか。

I go to bed at 9:00.

わたしは９時にねます。

What time do you get home?

あなたは何時に家に着きますか。

わたしは４時 45 分に家に着きます。

家に着いたら「ただいま」と言うよね。英語では I'm home. と言うよ。

Unit 3

I get up at 7:00. ④

基本のワーク

学習の目標
生活の動作とその頻度(ひんど)などを英語で言えるようになりましょう。

教科書 32〜39ページ

1 動作をする頻度の言い方

✿「わたしは毎回［たいてい、ときどき］〜をします」は、I always[usually, sometimes] 〜. と言います。「わたしはまったく〜しません」は、I never 〜. と言います。

ちょこっとプラス
「わたしは〜しません」は、ふつう I don't 〜. と言います。never を使うと強い打ち消しの意味になります。

2 するかどうかのたずね方と答え方

✿「あなたは〜しますか」は、Do you 〜? と言います。

✿「はい、します」は、Yes, I do.、「いいえ、しません」は No, I don't. と言います。

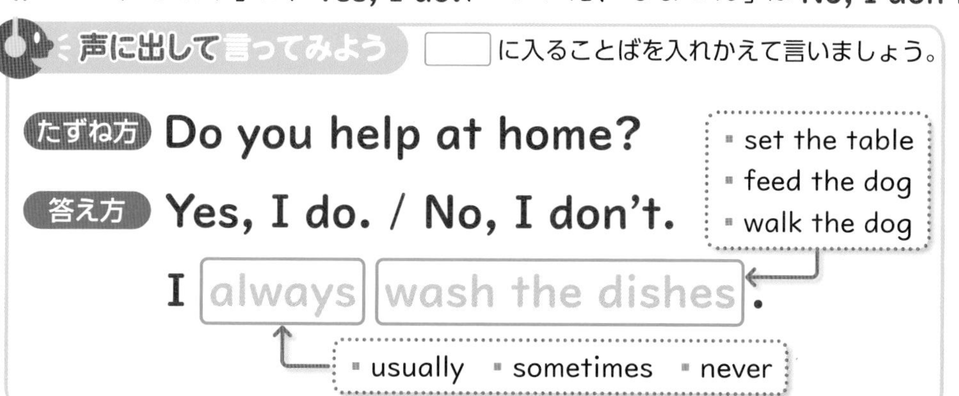

声に出して言ってみよう
□に入ることばを入れかえて言いましょう。
たずね方 Do you help at home?
答え方 Yes, I do. / No, I don't.
・set the table
・feed the dog
・walk the dog
I always wash the dishes.
・usually ・sometimes ・never

ちょこっとプラス
always などの頻度を表すことばは、動作を表すことばの前に置きます。

ステップアップ 頻度（くり返しの度合い）を表すことばには「しばしば、よく」という意味の often［オ(ー)フン］もあります。often が表す頻度は、sometimes より高く、always や usually よりも低くなります。

勉強した日　月　日

✪読みながらなぞって、もう1回書きましょう。

I sometimes water the flowers.

わたしはときどき花に水をやります。

I always clean my room.

わたしは毎回（わたしの）部屋をそうじします。

I never wash the dishes.

わたしはまったく食器をあらいません。

Do you help at home?

あなたは家で手伝いをしますか。

Yes, I do.

はい、します。

No, I don't.

いいえ、しません。

聞く 話す 読む 書く

walk the dog の walk［ウォーク］は「散歩させる」という意味だよ。walk にはほかにも「歩く」という意味もあるよ。

1 音声を聞いて、絵の内容（ないよう）と合っていれば○を、合っていなければ×を（　）に書きましょう。

t07

(1)

（　　）

(2)

（　　）

(3)

（　　）

(4)

（　　）

2 音声を聞いて、それぞれの行動をする時こくを（　）に数字で書きましょう。

t08

	行　動	時こく
(1)	起きる	（　　：　　）
(2)	朝食を食べる	（　　：　　）
(3)	イヌの散歩をする	（　　：　　）
(4)	夕食を食べる	（　　：　　）
(5)	ねる	（　　：　　）

勉強した日　　月　　日

まとめのテスト

Unit 3　I get up at 7:00.

得点　　/50点

時間 20分

教科書 32〜39ページ　答え 5ページ

1 日本語の意味を表す英語を［　］から選んで、＿＿に書きましょう。　1つ8点〔32点〕

(1) 本を読む

(2) (わたしの) 歯をみがく

(3) ごみ出しをする

(4) 花に水をやる

eat dinner / water the flowers / wash the dishes /
read a book / brush my teeth / take out the garbage

2 日本語の意味を表す英語の文を［　］から選んで、＿＿に書きましょう。　1つ9点〔18点〕

(1) あなたは何時にイヌにえさをやりますか。

(2) わたしは毎回わたしの部屋をそうじします。

What time do you get home?
I sometimes walk the dog.
I always clean my room.
What time do you feed the dog?

月　日

She can sing well. ①

学習の目標

動作を表すことばを英語で言えるようになりましょう。

教科書 46～53ページ

動作を表すことばを覚えよう！①

リズムに合わせて、声に出して言いましょう。

□ **swim**

泳ぐ

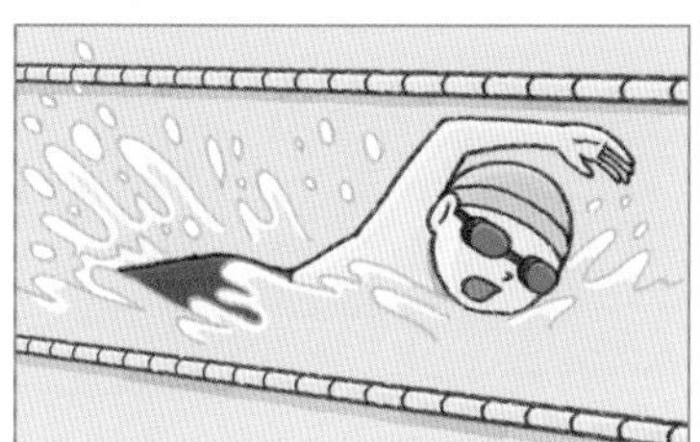

□ **dance**

おどる

□ **cook**

料理する

□ **ski**

スキーをする

□ **skate**

スケートをする

□ **jump high**

高くジャンプする

□ **sing well**

上手（じょうず）に歌う

□ **speak English**

英語を話す

□ **run fast**

速く走る

□ **ride a bicycle**

自転車に乗る

□ **ride a unicycle**

一輪車に乗る

□ **play volleyball**

バレーボールをする

英語カード 132～149

読みながらなぞって、もう１～２回書きましょう。

swim
泳ぐ

dance
おどる

cook
料理する

ski
スキーをする

skate
スケートをする

jump high
高くジャンプする

sing well
上手に歌う

speak English
英語を話す

run fast
速く走る

ride a bicycle
自転車に乗る

ride a unicycle
一輪車に乗る

play volleyball
バレーボールをする

unicycle（一輪車）の uni は「１つの」という意味を表しているよ。bicycle（自転車）の bi は「２つの」、tricycle［トゥライスィクル］（三輪車）の tri は「３つの」という意味を表しているよ。

勉強した日 月 日

She can sing well. ②

基本のワーク

学習の目標

動作を表すことばを英語で言えるようになりましょう。

音声

教科書 46〜53 ページ

動作を表すことばを覚えよう！②

リズムに合わせて、声に出して言いましょう。 言えたらチェック a22

- □ play *shogi* しょうぎをする

- □ play soccer サッカーをする

- □ play badminton バドミントンをする

- □ play basketball バスケットボールをする
- □ play the piano ピアノをひく

- □ play the recorder リコーダーをふく

- □ play the guitar ギターをひく

- □ play the violin バイオリンをひく

- □ play the melodica メロディカをひく

ワードボックス

a23

- □ live on land 陸上に住む
- □ fly 飛ぶ
- □ sleep ねむる

ことば解説

play には「(スポーツを) する」「(楽器を) 演奏(えんそう)する」「遊ぶ」などの意味があります。「(楽器を) 演奏する」と言うときは、楽器名の前に the をつけます。スポーツ名の前には the をつけません。

英語カード 24 〜 28 、132 〜 149

✪読みながらなぞって、書きましょう。

play shogi

しょうぎをする

play soccer

サッカーをする

play badminton

バドミントンをする

play basketball

バスケットボールをする

play the piano

ピアノをひく

play the recorder

リコーダーをふく

play the guitar

ギターをひく

play the violin

バイオリンをひく

play the melodica

メロディカをひく

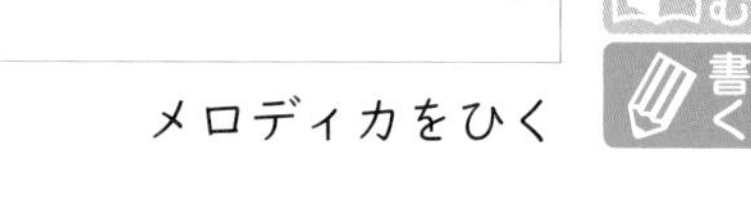

「サッカー」はアメリカでは soccer と言うけれど、イギリスではふつう football［フトゥボール］と言うよ。アメリカで football と言うと、ふつう「アメリカンフットボール」のことだよ。

月　日

She can sing well. ③

基本のワーク

学習の目標

できることやできないことを英語で言えるようになりましょう。

音声

a24 教科書 46～53ページ

1 できることの言い方

言えたらチェック

Can you play the guitar?
あなたはギターをひくことができますか。
Yes, I can.
はい、できます。
I can play the guitar.
わたしはギターをひくことができます。

- 「あなたは～することができますか」は、Can you ～? と言います。
- 「はい、できます」は、Yes, I can. と言います。
- 「わたしは～することができます」は、I can ～. と言います。

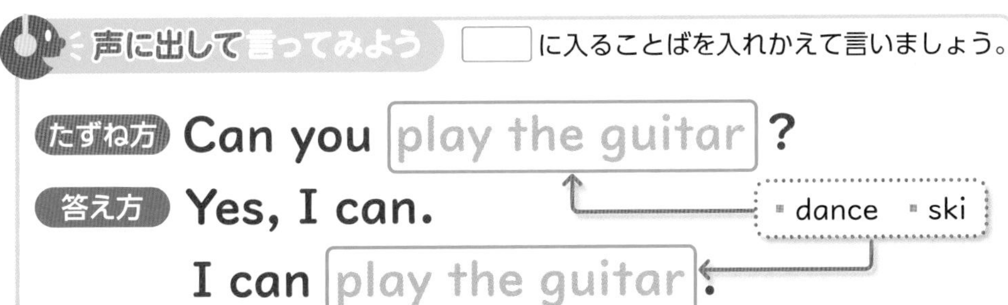

声に出して言ってみよう □に入ることばを入れかえて言いましょう。

たずね方 Can you [play the guitar]?

答え方 Yes, I can.

I can [play the guitar].

・dance ・ski

ちょこっとプラス

動作の意味をくわしく説明する、fast（速く）、well（上手に）などは、動作を表すことば（run、sing など）のあとに置きます。

2 できないことの言い方

言えたらチェック

Can you skate?
あなたはスケートをすることができますか。
No, I can't.
いいえ、できません。
I can't skate.
わたしはスケートをすることができません。

- 「いいえ、できません」は No, I can't. と言います。
- 「わたしは～することができません」は、I can't ～. と言います。

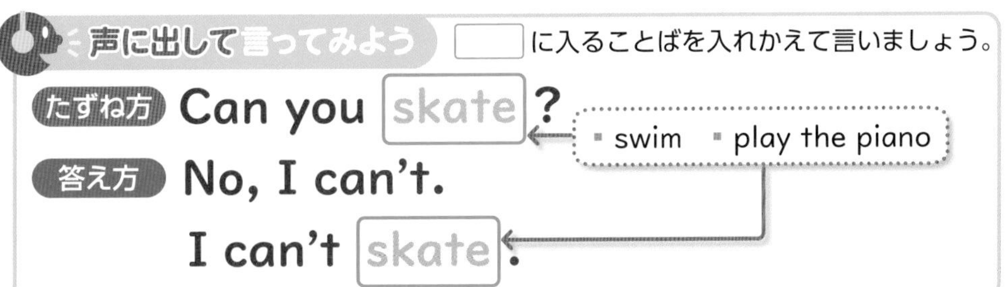

声に出して言ってみよう □に入ることばを入れかえて言いましょう。

たずね方 Can you [skate]?

答え方 No, I can't.

I can't [skate].

・swim ・play the piano

ちょこっとプラス

I can't ～. の can't を cannot［カナット、キァナト］と言うこともあります。

ステップアップ

Can you ～? には「～してくれますか」という意味もあり、何かを相手にたのむときに使います。

例 Can you wash the dishes?（食器をあらってくれますか）

✪ 読みながらなぞって、もう１～２回書きましょう。

I can dance.

わたしはおどることができます。

I can ski.

わたしはスキーをすることができます。

I can't swim.

わたしは泳ぐことができません。

I can't skate.

わたしはスケートをすることができません。

Can you play the guitar?

あなたはギターをひくことができますか。

Yes, I can.

はい、できます。

No, I can't.

いいえ、できません。

dance は「おどる」という意味だけでなく、「ダンス」という意味もあるよ。また、英語では「ダンスパーティー」のことも dance と言うよ。dance party［ダンス パーティ］とはふつう言わないよ。

勉強した日　月　日

She can sing well. ④

学習の目標

友だちができることを英語で言えるようになりましょう。

音声

a25　教科書　46〜53ページ

1 できること・できないことの言い方（女の人の場合）

言えたらチェック

This is Mai.
こちらはマイです。

She can't play *shogi*.
かの女はしょうぎをすることができません。

She can ski.
かの女はスキーをすることができます。

- 人について「こちらは〜です」としょうかいするときは This is 〜. と言います。
- 女の人について「かの女は〜することができます［できません］」は、She can[can't] 〜. と言います。

声に出して言ってみよう　□に入ることばを入れかえて言いましょう。

This is [Mai]. She can't [play shogi].
- Miku ・Yuki
- play badminton ・play volleyball

She can [ski].
- sing well ・speak English

表現べんり帳

she の代わりに Mai など、名前を使って言うこともできます。
例 Mai can ski well.（マイは上手にスキーをすることができます）

2 できること・できないことの言い方（男の人の場合）

言えたらチェック

This is Kaito.
こちらはカイトです。

He can't swim.
かれは泳ぐことができません。

He can cook.
かれは料理することができます。

- 男の人について「かれは〜することができます［できません］」は、He can[can't] 〜. と言います。

声に出して言ってみよう　□に入ることばを入れかえて言いましょう。

This is [Kaito]. He can't [swim].
- Ken ・Ryo
- play soccer ・run fast

He can [cook].
- play basketball ・play the violin

表現べんり帳

he の代わりに Kaito など、名前を使って言うこともできます。
例 Kaito can't swim.（カイトは泳ぐことができません）

ステップアップ

She can sing well.（かの女は上手に歌うことができます）は Unit 5 で出てくる表現 ... is good at 〜. を使って、She is good at singing.（かの女は歌うことが得意です）と言いかえることもできます。

書いて練習のワーク

✪ 読みながらなぞって、もう1～2回書きましょう。

This is Mai.

こちらはマイです。

She can't play shogi.

かの女はしょうぎをすることができません。

She can ski.

かの女はスキーをすることができます。

This is Kaito.

こちらはカイトです。

He can't swim.

かれは泳ぐことができません。

He can cook.

かれは料理することができます。

He can play the violin.

かれはバイオリンをひくことができます。

cook（料理する）は加熱して料理するときに使うよ。サラダなど、加熱しないときは cook ではなく、make ［メイク］（作る）を使うよ。

1 音声を聞いて、読まれた内容（ないよう）に合う絵を選び、記号を○で囲（かこ）みましょう。

t09

2 音声を聞いて、それぞれができること、できないことを（　）に日本語で書き、表を完成させましょう。

t10

	名　前	できること	できないこと
(1)	Satoru	(　　)	(　　)
(2)	Emi	(　　)	(　　)
(3)	Ken	(　　)	(　　)
(4)	Yuki	(　　)	(　　)
(5)	Taku	(　　)	(　　)

まとめのテスト

Unit 4　She can sing well.

勉強した日　月　日

得点　/50点

時間 20分

教科書 46〜53ページ　答え 6ページ

1 日本語の意味に合うように、（　）の中から正しいほうを選び、◯で囲みましょう。

1つ5点〔20点〕

(1) わたしはバレーボールをすることができます。

I (can / can't) play volleyball.

(2) かれは一輪車に乗ることができません。

He (can / can't) ride a unicycle.

(3) あなたは高くジャンプすることができますか。

(Do / Can) you jump high?

(4) こちらはアオイです。

(She / This) is Aoi.

2 次のタクが書いたメモを見て、タクになったつもりで質問に合う答えの英語の文を［　］から選び、＿＿に書きましょう。同じものを何度使ってもかまいません。

1つ10点〔30点〕

(1) Can you play the melodica?

(2) Can you play badminton?

(3) Can you skate?

メモ
【できること】
・メロディカをひく
・スケートをする

【できないこと】
・ピアノをひく
・バドミントンをする

Yes, I can. / No, I can't.

勉強した日　月　日

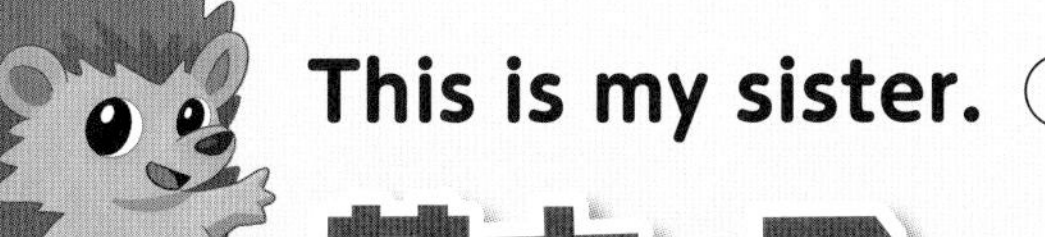

This is my sister. ①

基本のワーク

学習の目標

身近な人を表すことばを英語で言えるようになりましょう。

音声

教科書　56～63ページ

身近な人を表すことばを覚えよう！

✪ リズムに合わせて、声に出して言いましょう。　言えたらチェック　a26

□ **grandparents**
祖父母（そふぼ）

□ **grandmother**　複 grandmothers
祖母（そぼ）

□ **grandfather**　複 grandfathers
祖父（そふ）

□ **parents**
両親

□ **mother**　複 mothers
母親

□ **father**　複 fathers
父親

□ **sister**　複 sisters
姉、妹

□ **brother**　複 brothers
兄、弟

□ **me**
わたしを、わたしに、わたし

□ **cousin**　複 cousins
いとこ

□ **aunt**　複 aunts
おば

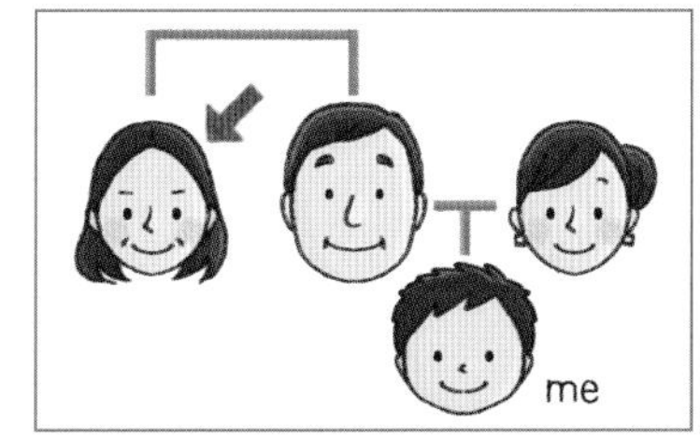

□ **uncle**　複 uncles
おじ

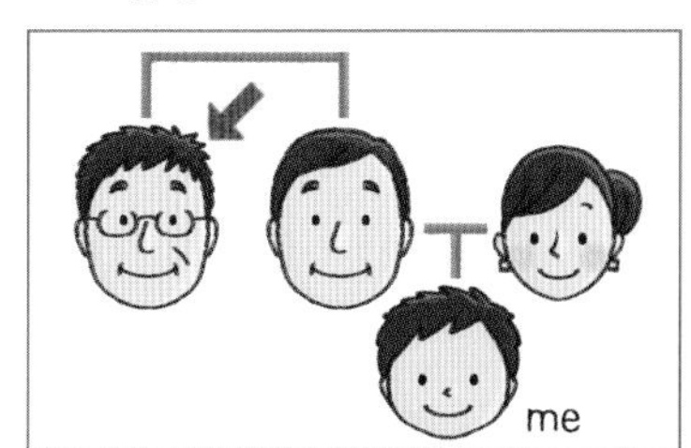

複…2人以上のときの形（複数形（ふくすうけい））

読みながらなぞって、もう１～２回書きましょう。

grandparents
祖父母

grandmother
祖母

grandfather
祖父

parents
両親

mother
母親

father
父親

sister
姉、妹

brother
兄、弟

me
わたしを、わたしに、わたし

cousin
いとこ

aunt
おば

uncle
おじ

brother や sister は、日本語の「兄」「弟」、「姉」「妹」のような区別をしないで使うよ。区別するときは、「兄」「姉」の場合は前に older［オウルダァ］（年上の）、「弟」「妹」の場合は前に younger［ヤンガァ］（年下の）をつけるよ。

勉強した日 月 日

This is my sister. ②

基本のワーク

学習の目標

身近な人のとくちょうを英語で言えるようになりましょう。

音声

教科書 56～63 ページ

人のとくちょうを表すことばを覚えよう！

リズムに合わせて、声に出して言いましょう。 言えたらチェック a27

- strong 強い

- kind 親切な、やさしい

- cute かわいい

- brave 勇敢な

- friendly 親しみやすい

- cool かっこいい

- funny おもしろい

- cheerful 元気のある、明るい

- smart かしこい

ワードボックス

a28

- fire fighter 消防士
- comedian 喜劇役者、コメディアン
- dancer ダンサー
- teacher 先生、教師
- police officer 警察官
- scientist 科学者
- hairdresser 美容師
- cooking 料理すること、料理
- dancing おどること
- singing 歌うこと
- skiing スキーをすること
- swimming 水泳
- playing the guitar ギターをひくこと
- playing soccer サッカーをすること

読みながらなぞって、もう２回書きましょう。

strong
強い

kind
親切な、やさしい

cute
かわいい

brave
勇敢な

friendly
親しみやすい

cool
かっこいい

funny
おもしろい

cheerful
元気のある、明るい

smart
かしこい

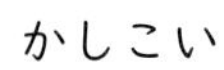

日本語で「スマート」と言うと、「(体が) すらりとしている」を意味することがあるけど、英語の smart にこの意味はないよ。英語では、すらりとした体つきは slim［スリム］や slender［スレンダァ］と言うよ。

Unit 5

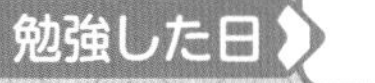

This is my sister. ③
基本のワーク

学習の目標
英語で人をしょうかいできるようになりましょう。

1 身近な人をしょうかいする言い方

「こちらはわたしの～です」と人をしょうかいするときは、**This is my ～.** と言います。
「かれ［かの女］は～することができます」は、**He[She] can ～.** と言います。

声に出して言ってみよう □に入ることばを入れかえて言いましょう。

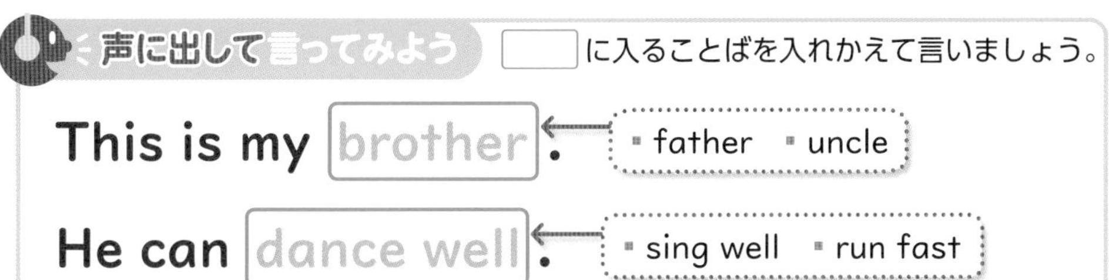

思い出そう
Unit 4 で習った She[He] can[can't] ～. の表現や「～」に入る動作を表すことばを復習しましょう。

2 だれであるかのたずね方と答え方

「こちらはだれですか」は、**Who's this?** と言います。**who's** は **who is** をちぢめた言い方です。
「かの女［かれ］は～です」は、**She's[He's] ～.** と言います。「～」には人のとくちょうを表すことばが入ります。

声に出して言ってみよう □に入ることばを入れかえて言いましょう。

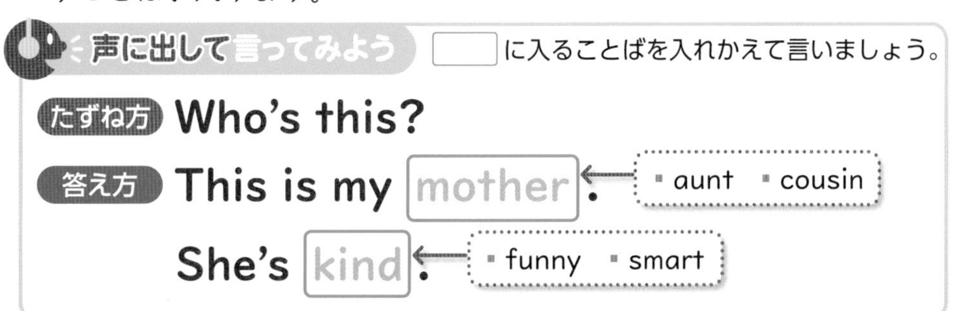

たずね方 Who's this?
答え方 This is my mother.
aunt
cousin
She's kind.
funny
smart

ちょこっとプラス
who は「だれ」という意味で、たずねる文の初めに置きます。これまでに習った what「何」や when「いつ」と区別しましょう。

ステップアップ This is ～. は「こちらは～です」と近くにいる人をしょうかいするときに使います。はなれた場所にいる人をしょうかいするときは That is ～.［ザット イズ］「あちらは～です」を使います。

書いて練習のワーク

読みながらなぞって、もう１回書きましょう。

This is my brother.

こちらはわたしの兄［弟］です。

He can dance well.

かれは上手におどることができます。

Who's this?

こちらはだれですか。

This is my mother.

こちらはわたしの母です。

She's kind.

かの女はやさしいです。

She can run fast.

かの女は速く走ることができます。

電話で、「もしもし、わたしはマイです」と自分の名前を名乗るときは、Hello, this is Mai.（もしもし、こちらはマイです）のように、this is を使うよ。

勉強した日　月　日

This is my sister. ④
基本のワーク

学習の目標
得意(とくい)なことを英語でたずねたり、答えたりできるようになりましょう。

音声

a30　教科書 56～63ページ

1 得意なことのたずね方と答え方

言えたらチェック

「あなたは～が得意ですか」は、Are you good at ～? と言います。「～」には、「～すること」という動作を表すことばを入れます。

「はい」と答えるときは、Yes, I am.、「いいえ」と答えるときは、No, I'm not. と言います。

声に出して言ってみよう　□に入ることばを入れかえて言いましょう。

たずね方 Momoka, are you good at cooking ?
答え方 Yes, I am.
No, I'm not.
skiing
dancing
singing

ちょこっとプラス
No, I'm not. のI'mはI amをちぢめた言い方です。ただし、Yes, I am.はYes, I'm. とはしないので注意しましょう。

2 得意なことや得意でないことの言い方

言えたらチェック

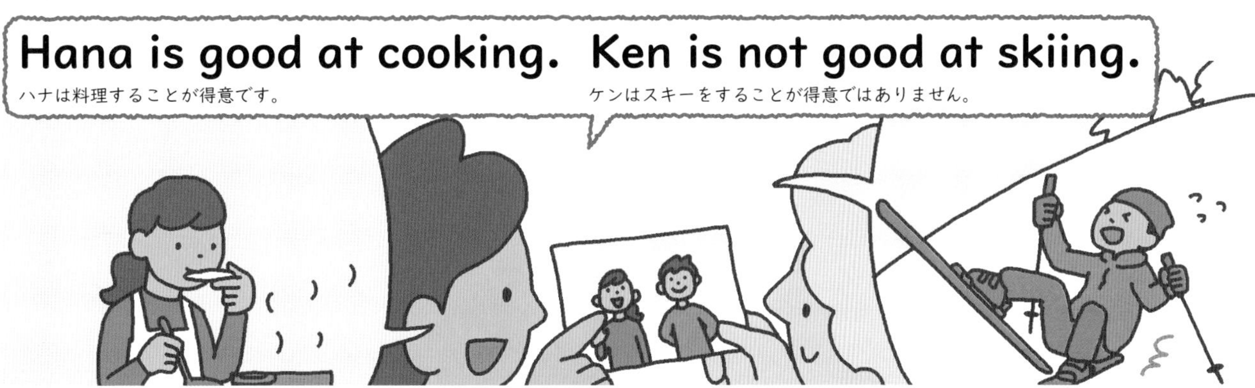

「…は～が得意です」は、... is good at ～. と言います。

「…は～が得意ではありません」は、... is not good at ～. と言います。

声に出して言ってみよう　□に入ることばを入れかえて言いましょう。

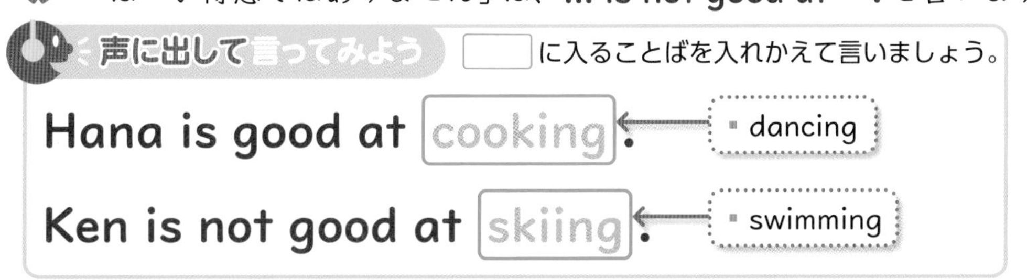

Hana is good at cooking.
dancing
Ken is not good at skiing.
swimming

表現(ひょうげん)べんり帳
good at のあとには、動作を表すことばだけでなく、math（算数）やmusic（音楽）などの教科名を入れることもできます。

ステップアップ　「わたしは～が得意です」は、I'm good at ～.、「わたしは～が得意ではありません」は、I'm not good at ～. と言います。

書いて練習のワーク

読みながらなぞって、もう１回書きましょう。

Momoka, are you good at cooking?

モモカ、あなたは料理することが得意ですか。

Yes, I am.

はい、得意です。

No, I'm not.

いいえ、得意ではありません。

Hana is good at cooking.

ハナは料理することが得意です。

Ken is not good at skiing.

ケンはスキーをすることが得意ではありません。

相手へのよびかけは、文の最後に置くこともできるよ。この場合は名前の前にコンマ(,)をつけるよ。
例 Are you good at cooking, Momoka?（あなたは料理することが得意ですか、モモカ。）

1 音声を聞いて、読まれた内容(ないよう)に合う絵を選び、記号を○で囲(かこ)みましょう。

t11

(2) Aya ア　Aya イ

2 音声を聞いて、しょうかいしている人との関係を下のア～ウから選んで、「関係」のらんに記号を書きましょう。また、それぞれがどんな人であるか、「とくちょう」のらんに［　］から選んで日本語で書きましょう。

t12

	名　前	関　係	とくちょう
(1)	Emi	(　　　)	(　　　)
(2)	Yuji	(　　　)	(　　　)
(3)	Maya	(　　　)	(　　　)

ア 兄　　イ 姉　　ウ いとこ

かしこい ／ かわいい ／ 親しみやすい

まとめのテスト

勉強した日 月 日

Unit 5 This is my sister.

得点 /50点

時間 20分

教科書 56～63ページ 答え 7ページ

1 英語の意味を表す日本語を［　］から選んで、（　）に書きましょう。 1つ6点〔30点〕

(1) grandparents （　　　　）

(2) cool （　　　　）

(3) mother （　　　　）

(4) strong （　　　　）

(5) kind （　　　　）

親切な
強い
かっこいい
母親
祖父母（そふぼ）

2 日本語の意味になるように英語を［　］から選んで、＿＿に書きましょう。文の最初にくることばは大文字で書きはじめましょう。 1つ5点〔20点〕

(1) こちらはだれですか。

＿＿＿＿ this?

(2) かの女はおもしろいです。

She is ＿＿＿＿.

(3) こちらはわたしのおばです。

This is my ＿＿＿＿.

(4) かれは歌うことが得意（とくい）です。

He's good ＿＿＿＿ singing.

when's / who's / funny / brave / aunt / at / in

Unit 6

勉強した日　月　日

I'd like pizza. ①

基本のワーク

学習の目標

食べものを表すことばを英語で言えるようになりましょう。

音声

教科書　66～73ページ

食べものを表すことばを覚えよう！①

リズムに合わせて、声に出して言いましょう。

言えたらチェック

a31

- □ **curry and rice**　カレーライス
- □ **spaghetti**　スパゲッティ

- □ **pizza**　ピザ

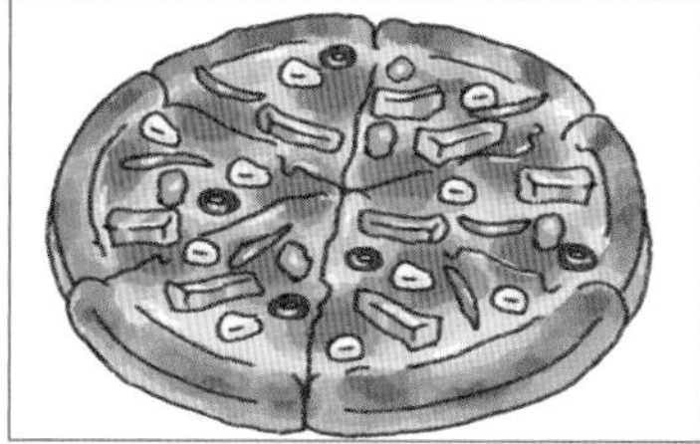

- □ **steak**　ステーキ

- □ **fried chicken**　フライドチキン

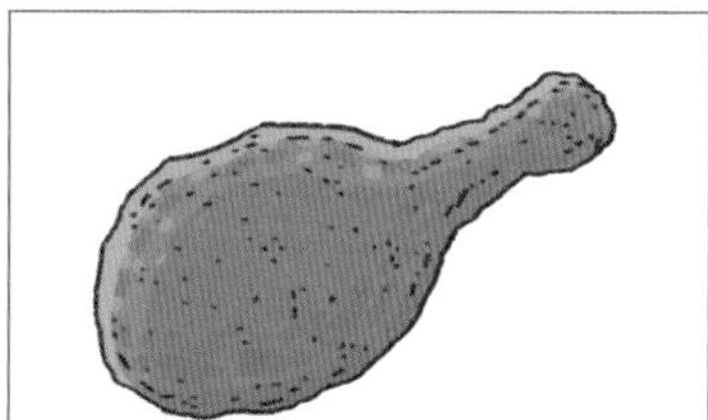

- □ **omelet**　複 omelets　オムレツ

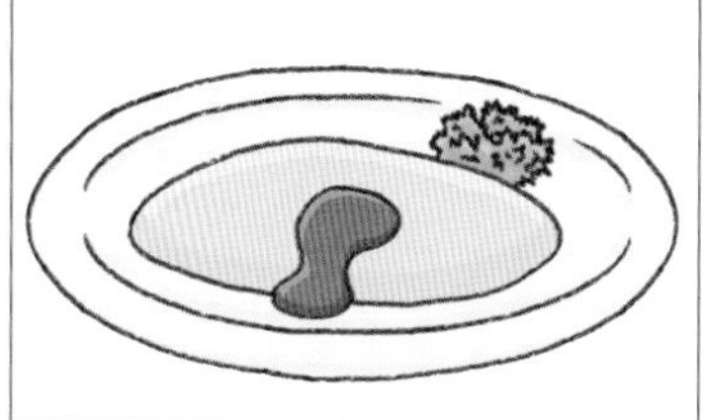

- □ **grilled fish**　焼き魚

- □ **bread**　パン

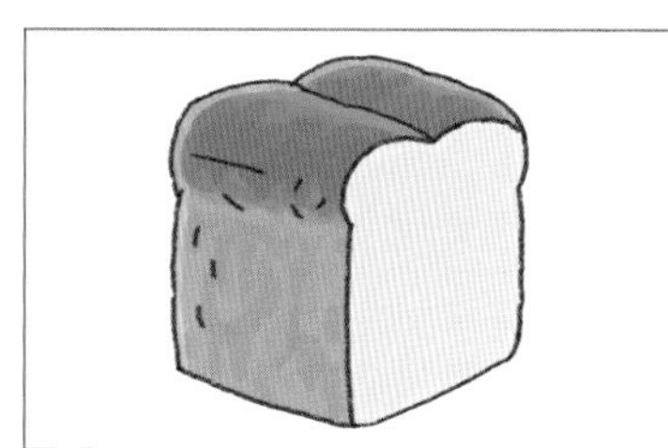

- □ **rice**　米、ごはん
- □ **hot dog**　複 hot dogs　ホットドッグ

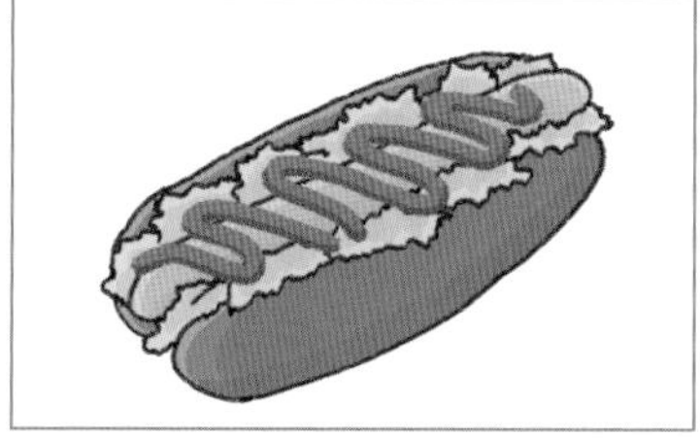

- □ **French fries**　フライドポテト

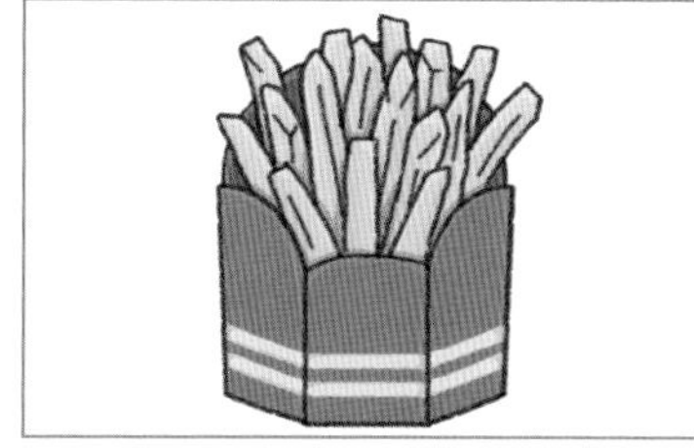

- □ **salad**　サラダ

複…2つ以上のときの形（複数形）

読みながらなぞって、もう1～2回書きましょう。

curry and rice
カレーライス

spaghetti
スパゲッティ

steak
ステーキ

fried chicken
フライドチキン

omelet
オムレツ

grilled fish
焼き魚

hot dog
ホットドッグ

French fries
フライドポテト

pizza
ピザ

bread
パン

rice
米、ごはん

salad
サラダ

パンは16世紀に、ポルトガルから日本に初めてもたらされたと言われているよ。ポルトガル語ではパンを「パォン」と言い、日本語の「パン」はこれが語源になったんだ。

勉強した日　月　日

I'd like pizza. ②

基本のワーク

学習の目標

食べものを表すことばを英語で言えるようになりましょう。

音声

教科書　66～73 ページ

食べものを表すことばを覚えよう！②

リズムに合わせて、声に出して言いましょう。

☐ **corn soup**
コーンスープ

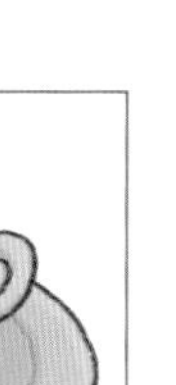

☐ ***miso* soup**
みそ汁（しる）

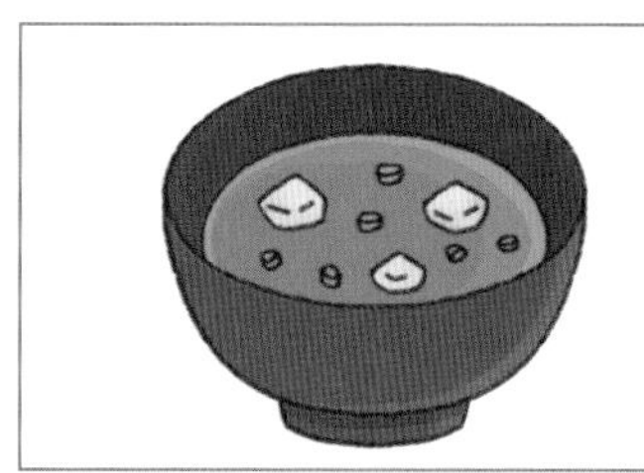

☐ **tea**
紅茶（こうちゃ）、茶

☐ **coffee**
コーヒー

☐ **mineral water**
ミネラルウォーター

☐ **orange juice**
オレンジジュース

☐ **soda**
炭酸（たんさん）飲料、ソーダ

☐ **cake**　複 cakes
ケーキ

☐ **ice cream**
アイスクリーム

☐ **parfait**
パフェ

☐ **pudding**
プリン

☐ **yogurt**
ヨーグルト

複…2 つ以上のときの形（複数形（ふくすう））

✪ 読みながらなぞって、もう1～2回書きましょう。

corn soup

コーンスープ

miso soup

みそ汁

coffee

コーヒー

mineral water

ミネラルウォーター

orange juice

オレンジジュース

ice cream

アイスクリーム

parfait

パフェ

pudding

プリン

tea

紅茶、茶

soda

炭酸飲料、ソーダ

cake

ケーキ

yogurt

ヨーグルト

tea はふつう紅茶をさし、緑茶は green tea［グリーン ティー］と言うよ。「ミルクティー」は英語では tea with milk［ティー ウィズ ミルク］、「レモンティー」は tea with lemon［ティー ウィズ レモン］と言うよ。

勉強した日　月　日

学習の目標

味やとくちょうなどを表すことばを英語で言えるようになりましょう。

音声

教科書 66〜73 ページ

I'd like pizza. ③

基本のワーク

味やとくちょうなどを表すことばを覚えよう！

リズムに合わせて、声に出して言いましょう。

言えたらチェック

a33

- hamburger　複 hamburgers　ハンバーガー

- taco　複 tacos　タコス

- delicious　とてもおいしい

- sweet　あまい

- sour　すっぱい

- bitter　苦い

- salty　塩からい

- hot　からい

- healthy　健康的な

複…2つ以上のときの形（複数形）

ワードボックス

a34

- one[a] hundred　100
- two hundred　200
- five hundred and sixty　560
- six hundred and fifty　650
- nine hundred and forty　940
- one[a] thousand　1,000
- one[a] thousand five hundred　1,500
- three thousand eight hundred (and) fifty　3,850

英語カード 8 〜 18

読みながらなぞって、もう１～２回書きましょう。

hamburger
ハンバーガー

taco
タコス

delicious
とてもおいしい

sweet
あまい

sour
すっぱい

bitter
苦い

salty
塩からい

hot
からい

healthy
健康的な

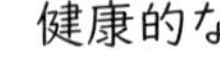

hot は舌（した）がヒリヒリするようなからさを表すときに使うよ。スパイスが効（き）いていることを表すときは、ふつう spicy［スパイスィ］と言うよ。

Unit 6

勉強した日　月　日

I'd like pizza. ④
基本のワーク

学習の目標
英語で料理を注文したり、金額（きんがく）をたずねたりできるようになりましょう。

音声

a35　教科書 66〜73ページ

1 注文の取り方と注文の仕方

言えたらチェック

What would you like?
何になさいますか。

I'd like steak.
ステーキをお願いします。

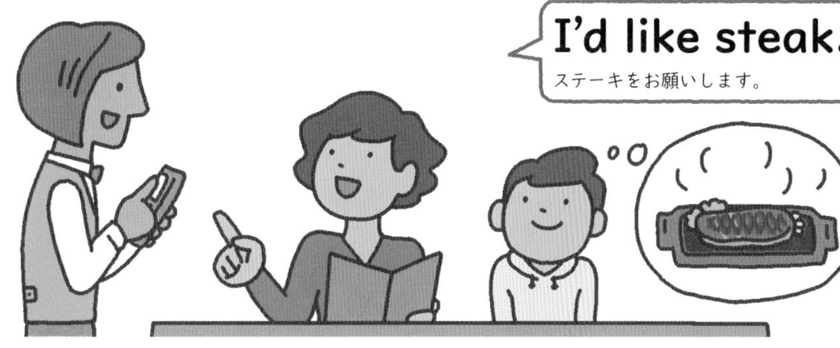

- 「何になさいますか」と注文を取るときは、**What would you like?** と言います。
- 「〜をお願いします」と注文するときは、**I'd like 〜.** と言います。「〜」には注文したいものを入れます。**I'd like** は **I would like** をちぢめた言い方です。

くらべよう
What would you like? は What do you want?、I'd like 〜. は I want 〜. のていねいな言い方です。

2 金額のたずね方と答え方

- 「それはいくらですか」は、**How much is it?** と言います。
- 「それは〜円です」と金額を言うときは、**It's 〜 yen.** と言います。**yen** は「円」という意味です。

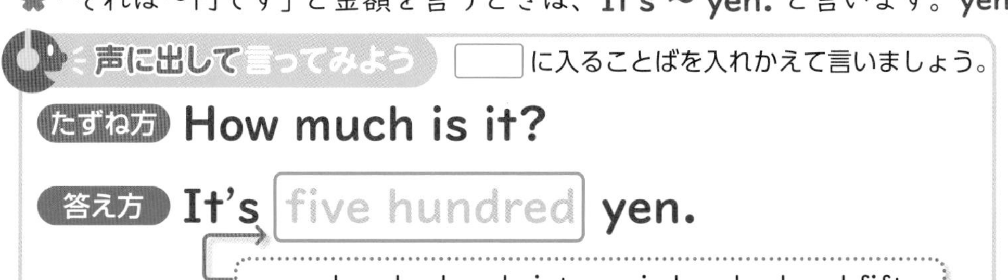

声に出して言ってみよう　□に入ることばを入れかえて言いましょう。
たずね方 How much is it?
答え方 It's five hundred yen.
one hundred and sixty
six hundred and fifty

ちょこっとプラス
530円を英語で言うときは、five hundred thirty yen と言うこともできますが、five hundred and thirty yen のほうがていねいです。

I'd like 〜のあとに please［プリーズ］をつけて、I'd like 〜, please. と言うと、よりていねいな言い方になります。
例 I'd like steak, please.

読みながらなぞって、もう１回書きましょう。

What would you like?

何になさいますか。

I'd like steak.

ステーキをお願いします。

I'd like tea.

紅茶(こうちゃ)をお願いします。

How much is it?

それはいくらですか。

It's five hundred yen.

それは 500 円です。

It's six hundred and fifty yen.

それは 650 円です。

英語のトビラ！　yen（円、￥）は日本のお金の単位だね。アメリカ、カナダ、オーストラリアなどのお金の単位は dollar［ダラァ］（ドル、＄）、イギリスは pound［パウンド］（ポンド、£）だよ。

勉強した日 月 日

I'd like pizza. ⑤
基本のワーク

学習の目標
英語で食べものをしょうかいしたり、感想をたずねたりできるようになりましょう。

音声

♪ a36 教科書 66〜73 ページ

1 食べもののしょうかいの仕方

言えたらチェック

This is *manju*. It's sweet and delicious. I like it.
これはまんじゅうです。 それはあまくてとてもおいしいです。 わたしはそれが好きです。

✿食べものなどについて「これは〜です」と言うときは、This is 〜. と言います。

✿食べものなどについて「それは〜です」と言うときは、It's 〜. と言います。「〜」には味やとくちょうを表すことばが入ります。

声に出して言ってみよう □に入ることばを入れかえて言いましょう。

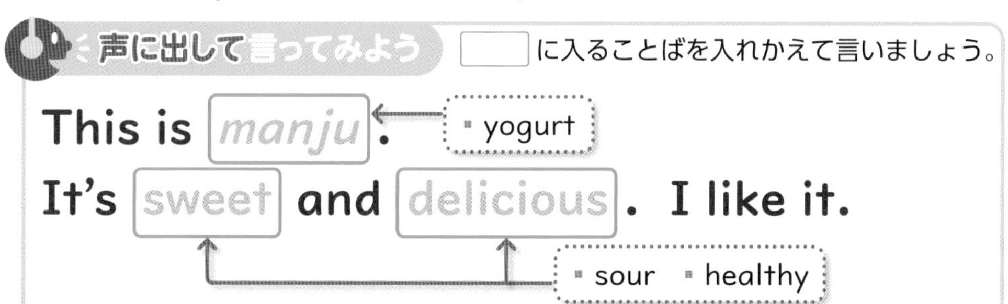

ちょこっとプラス
日本食は海外にも広まっていて、すし (sushi)、すき焼き (sukiyaki)、天ぷら (tempura) などはそのまま英語として使われています。

2 食べものの感想のたずね方と答え方

言えたらチェック

✿「〜はいかがですか」と食べものなどの感想をたずねるときは、How is 〜? と言います。

✿「それは〜です」と感想を言うときは、It's 〜. と言います。

声に出して言ってみよう □に入ることばを入れかえて言いましょう。

たずね方 How is your steak?
cake
pizza
答え方 It's delicious.
sweet
hot

表現べんり帳
「おいしい」は tasty[テイスティ]や yummy[ヤミィ]ということばでも表せます。yummy は子どもがよく使うことばです。

ステップアップ 食べ終えたあとに感想をたずねたり伝えたりするときは、is の代わりに was[ワズ]を使います。
例 How was your pizza?(ピザはいかがでしたか) ― It was delicious.(それはとてもおいしかったです)

書いて練習のワーク

読みながらなぞって、もう１回書きましょう。

This is manju.

これはまんじゅうです。

This is yogurt.

これはヨーグルトです。

It's sweet and delicious.

それはあまくてとてもおいしいです。

I like it.

わたしはそれが好きです。

How is your steak?

ステーキはいかがですか。

It's delicious.

それはとてもおいしいです。

It's hot.

それはからいです。

「食べてみてください」と、相手にすすめるときはPlease try it. と言います。例 *Taiyaki* is sweet and delicious. Please try it.（たいやきはあまくてとてもおいしいよ。食べてみてください）

聞いて練習のワーク

できた数
/10問中

教科書 66〜73ページ　答え 8ページ

1 音声を聞いて、絵の内容（ないよう）と合っていれば○を、合っていなければ×を（　）に書きましょう。 t13

(1)

（　　　）

(2)

（　　　）

(3)

（　　　）

(4)

（　　　）

2 音声を聞いて、それぞれの人が注文したものを、「注文したもの」のらんの（　）に日本語で書きましょう。また、注文したものの金額（きんがく）を下のア〜ウから選んで、「金額」のらんの（　）に記号を書きましょう。 t14

	注文したもの	金　額
(1)	（　　　　　　　　）	（　　　）
(2)	（　　　　　　　　）	（　　　）
(3)	（　　　　　　　　）	（　　　）

ア 420円　　イ 1,250円　　ウ 360円

1 英語の意味を表す日本語を選んで、線で結びましょう。 1つ6点〔30点〕

(1) bread	・	・焼き魚
(2) cake	・	・プリン
(3) grilled fish	・	・サラダ
(4) pudding	・	・ケーキ
(5) salad	・	・パン

2 日本語の意味になるように英語を［　］から選んで、＿＿に書きましょう。文の最初にくることばは大文字で書きはじめましょう。 1つ5点〔20点〕

(1) 紅茶（こうちゃ）はいかがですか。

How ＿＿＿＿ your tea?

(2) 何になさいますか。

What ＿＿＿＿ you like?

(3) ソーダをお願いします。

＿＿＿＿ like soda.

(4) それはいくらですか。

How ＿＿＿＿ is it?

would / is / are / much / do / I'm / I'd

勉強した日　月　日

Where's the cat? ①

基本のワーク

学習の目標

家の中にあるものを英語で言えるようになりましょう。

音声

教科書 78～81ページ

家の中にあるものを表すことばを覚えよう！①

リズムに合わせて、声に出して言いましょう。　言えたらチェック　a37

- wall　複 walls　かべ 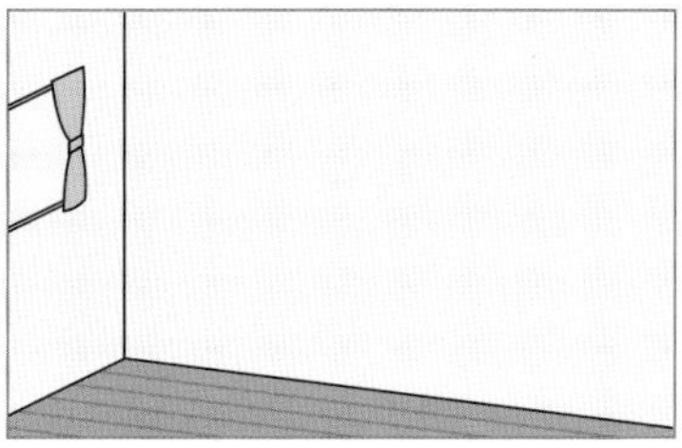
- window　複 windows　まど 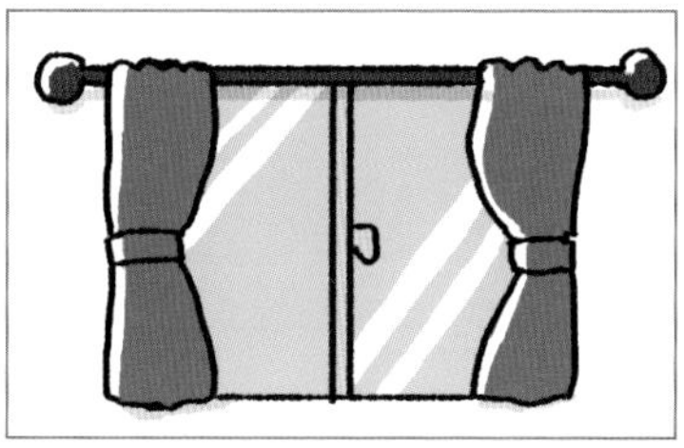
- piano　複 pianos　ピアノ 
- chair　複 chairs　いす 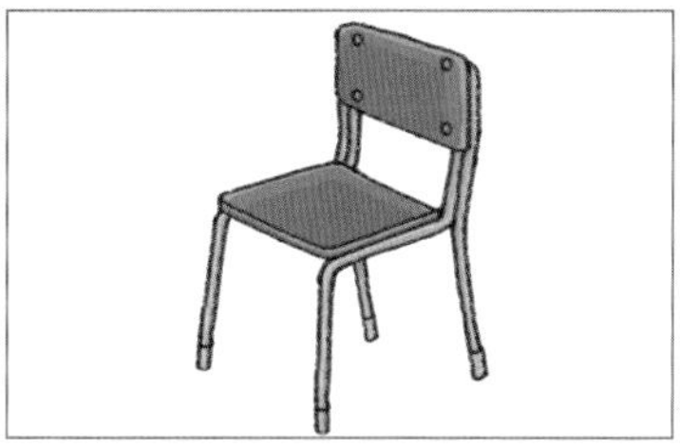
- door　複 doors　ドア 
- sofa　複 sofas　ソファー 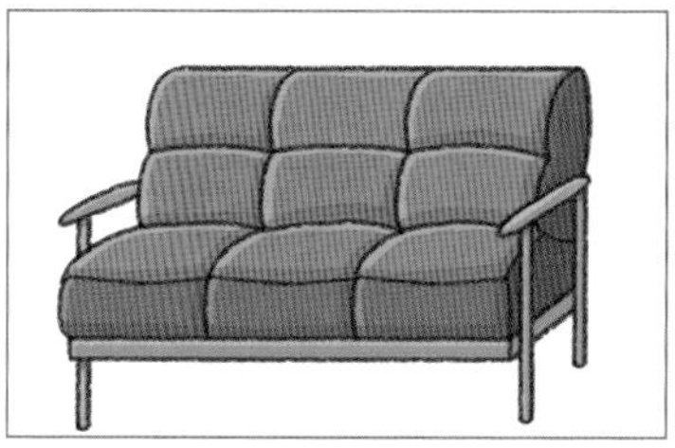
- table　複 tables　テーブル 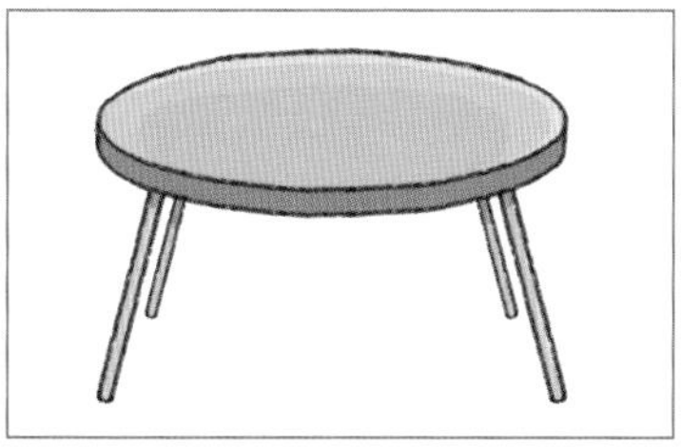
- desk　複 desks　つくえ 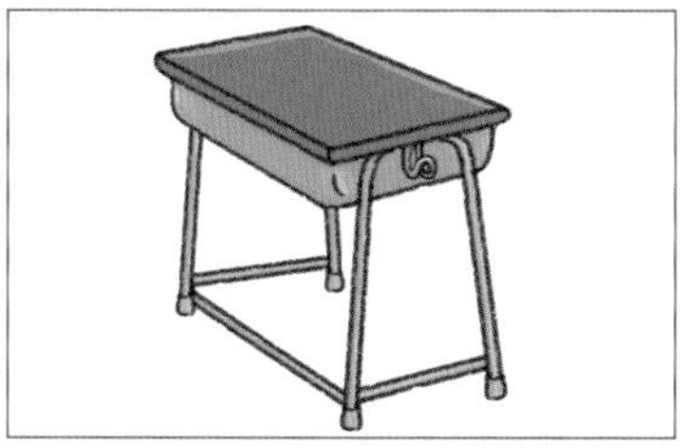
- box　複 boxes　箱

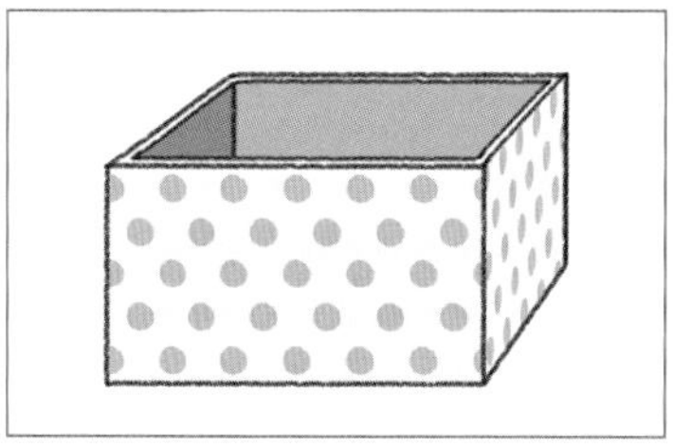

複…2つ以上のときの形（複数形）

ワードボックス

a38

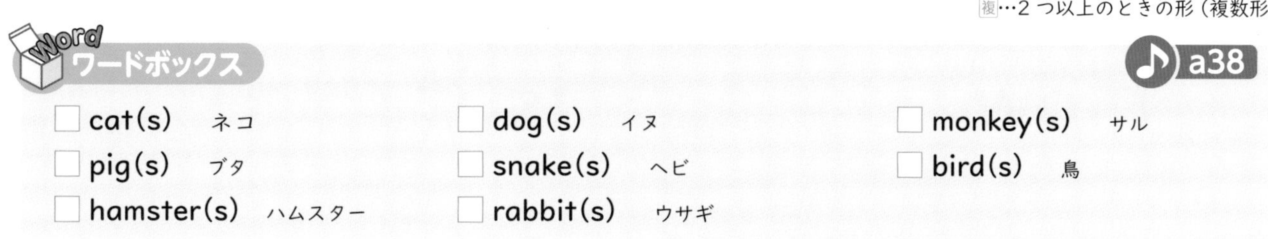

cat(s)　ネコ	dog(s)　イヌ	monkey(s)　サル
pig(s)　ブタ	snake(s)　ヘビ	bird(s)　鳥
hamster(s)　ハムスター	rabbit(s)　ウサギ	

読みながらなぞって、もう2回書きましょう。

wall
かべ

window
まど

piano
ピアノ

chair
いす

door
ドア

sofa
ソファー

table
テーブル

desk
つくえ

box
箱

日本語で「インテリア」は家具や照明など、部屋をかざるものや建物の中のつくりを意味するけれど、英語で interior［インティ（ア）リア］と言うと、主に「内部（の）、内側（の）」を意味するんだ。

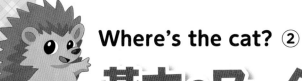

月　日

Unit 7

Where's the cat? ②

学習の目標

家の中にあるものを英語で言えるようになりましょう。

教科書　78～81 ページ

家の中にあるものを表すことばを覚えよう！②

✪ リズムに合わせて、声に出して言いましょう。

☐ **cup**　複 cups
カップ

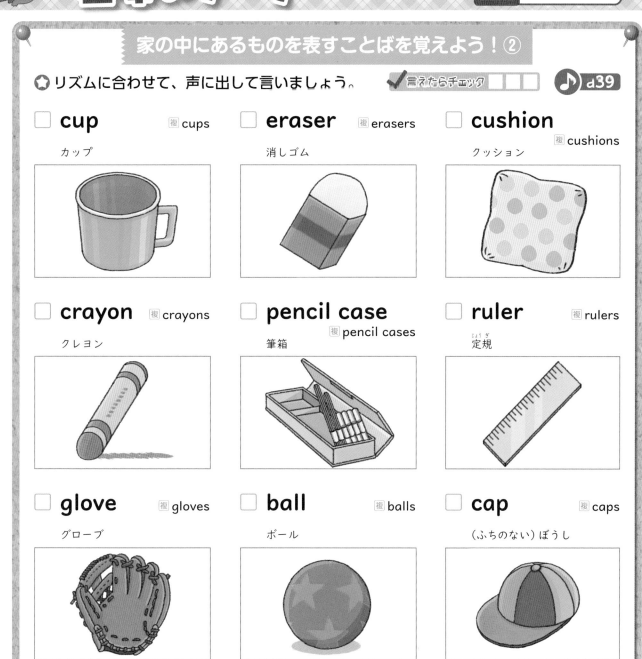

☐ **eraser**　複 erasers
消しゴム

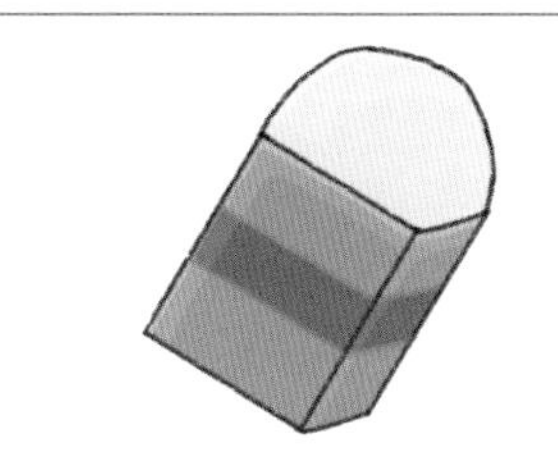

☐ **cushion**　複 cushions
クッション

☐ **crayon**　複 crayons
クレヨン

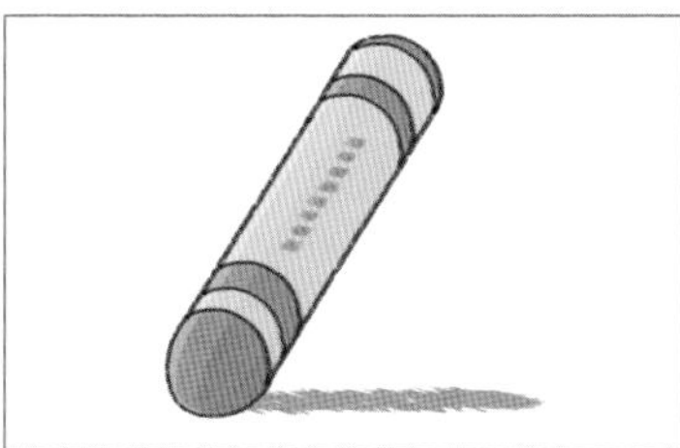

☐ **pencil case**　複 pencil cases
筆箱

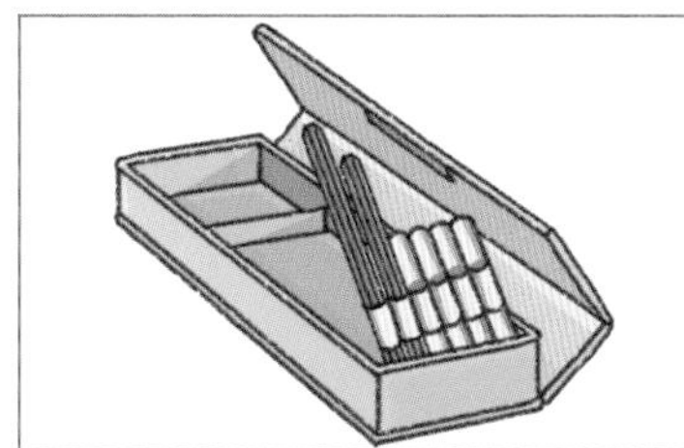

☐ **ruler**　複 rulers
定規

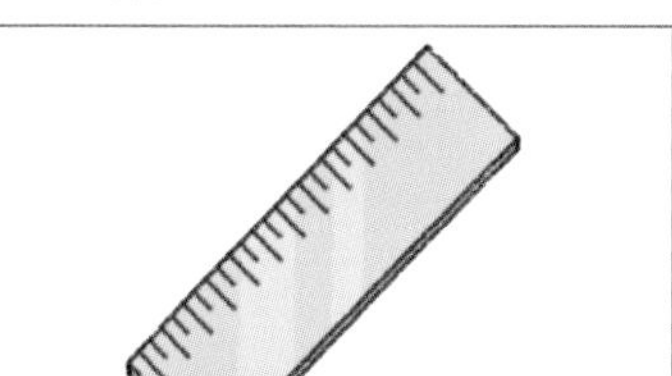

☐ **glove**　複 gloves
グローブ

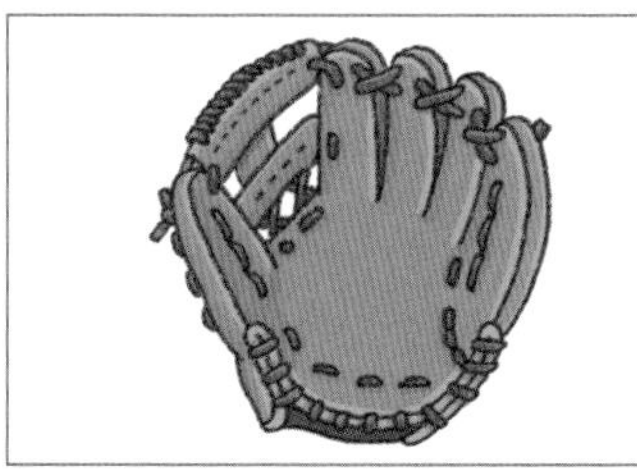

☐ **ball**　複 balls
ボール

☐ **cap**　複 caps
（ふちのない）ぼうし

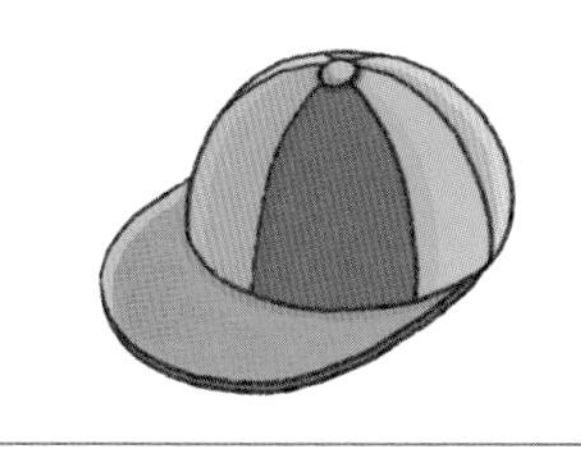

複…2 つ以上のときの形（複数形）

a40

☐ on　～の上に

☐ in　～の中に

☐ by　～のそばに

☐ under　～の下に

✪ 読みながらなぞって、もう１～２回書きましょう。

cup

カップ

eraser

消しゴム

cushion

クッション

crayon

クレヨン

pencil case

筆箱

ruler

定規

glove

グローブ

ball

ボール

cap

（ふちのない）ぼうし

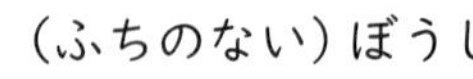

cap はニットぼうのようなふちのないぼうしや、野球ぼうのようなつばのあるぼうしのことをさすよ。麦わらぼうしのようなふちのあるぼうしは hat［ハット］と言うよ。

勉強した日  月 日

Where's the cat? ③

基本のワーク

学習の目標・ものがある場所を英語で言えるようになりましょう。

音声

♪ a41 教科書 78〜81 ページ

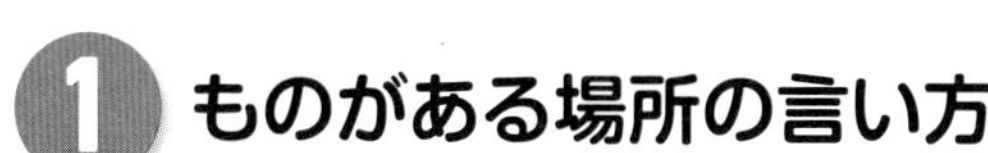

1 ものがある場所の言い方

✿「…は〜の上にあります［います］」は、... is on 〜. と言います。on を in（〜の中に）、under（〜の下に）、by（〜のそばに）などにかえると、いろいろな場所を表せます。

ちょこっとプラス
日本語では「いすの上に」と言いますが、英語では on the chair となります。語順に注意しましょう。

2 ものがある場所のたずね方と答え方

✿「〜はどこにありますか［いますか］」は、Where's 〜? と言います。

✿「それは〜にあります［います］」と答えるときは、It's on[in, under, by] 〜. と言います。

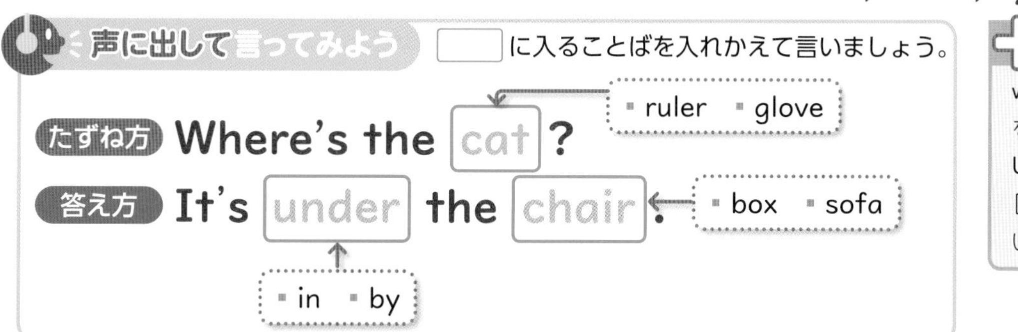

声に出して言ってみよう
□ に入ることばを入れかえて言いましょう。
たずね方 Where's the cat?
ruler
glove
答え方 It's under the chair.
box
sofa
in
by

ちょこっとプラス
where's は where is をちぢめた言い方です。Unit 2 で習った when's [when is] とまちがえないようにしましょう。

ステップアップ on、in、under、by などを前置詞（ぜんちし）と言います。どこにあるのか、いるのかを表すときだけでなく、on Monday（月曜日に）、in May（5月に）のように曜日や月を表すときにも使います。

読みながらなぞって、もう１回書きましょう。

The bag is on the desk.

かばんはつくえの上にあります。

The chair is by the table.

いすはテーブルのそばにあります。

Where's the cat?

ネコはどこにいますか。

It's under the chair.

それはいすの下にいます。

It's in the box.

それは箱の中にあります。

it's[it is]のitは「それは」という意味で、動物をさすときにも使うよ。その動物が家で飼っているペットなどの場合は、人間のようにshe（かの女は）やhe（かれは）で表すことも多いよ。

勉強した日　月　日

Where's the cat? ④

基本のワーク

学習の目標

建物や店を表すことばを英語で言えるようになりましょう。

音声

教科書 82～85ページ

建物や店を表すことばを覚えよう！①

リズムに合わせて、声に出して言いましょう。

言えたらチェック

a42

□ **station** 複 stations
駅

□ **post office** 複 post offices
郵便局（ゆうびんきょく）

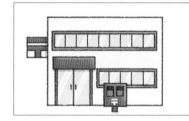

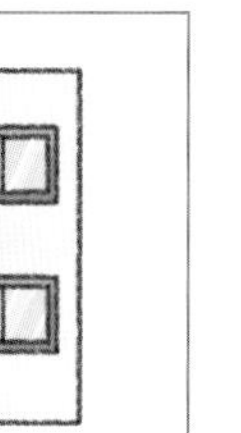

□ **convenience store** 複 convenience stores
コンビニエンスストア

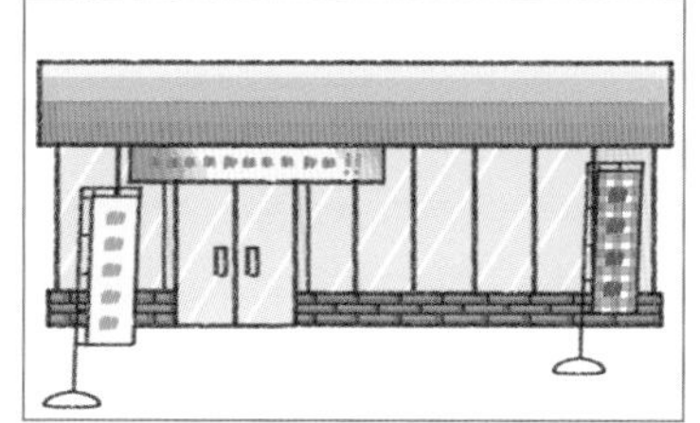

□ **flower shop** 複 flower shops
生花店、花屋

□ **bookstore** 複 bookstores
書店

□ **park** 複 parks
公園

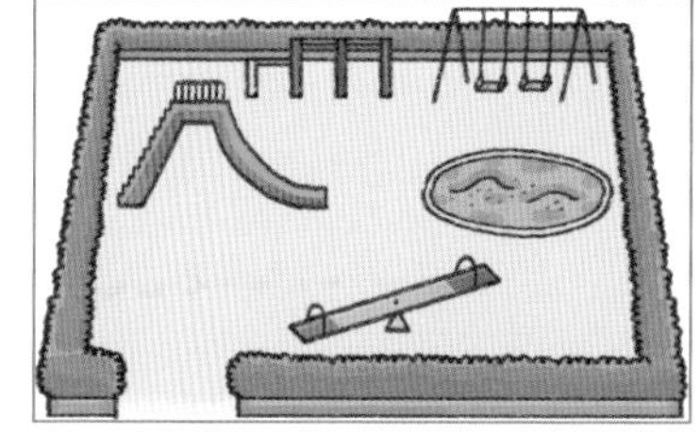

□ **restaurant** 複 restaurants
レストラン

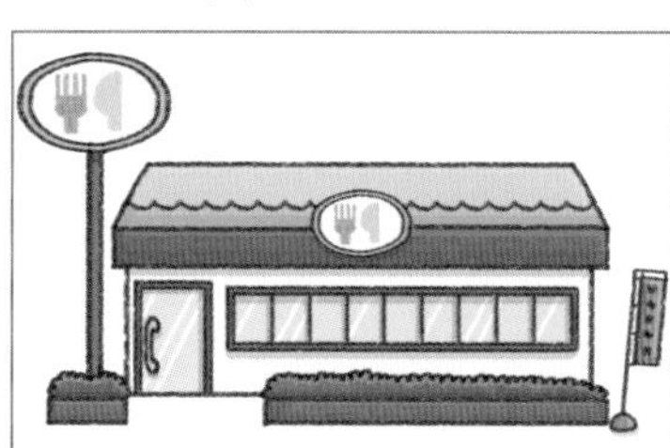

□ **department store** 複 department stores
デパート

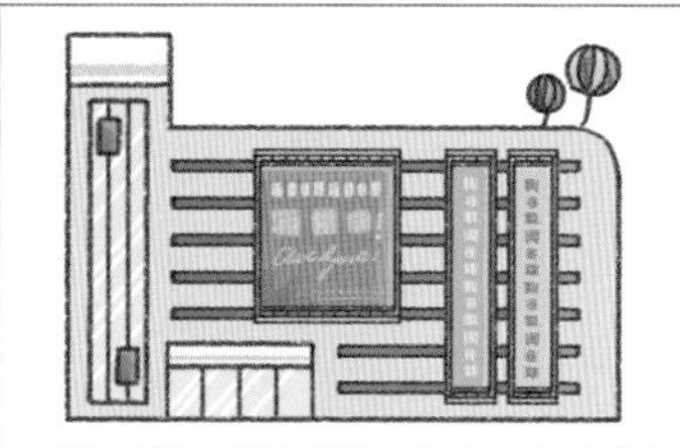

□ **ice cream shop** 複 ice cream shops
アイスクリーム店

□ **elementary school** 複 elementary schools
小学校

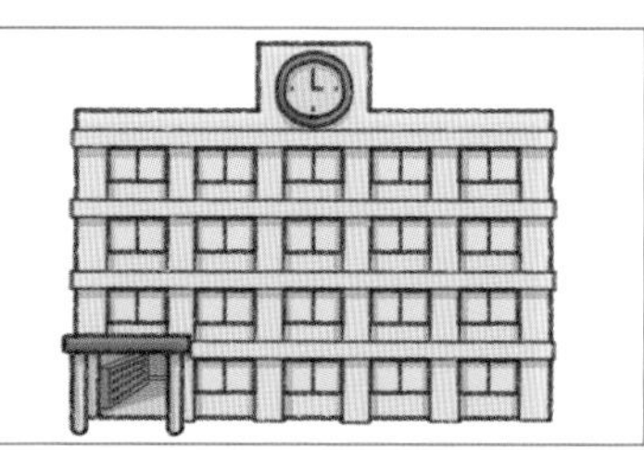

□ **library** 複 libraries
図書館、図書室

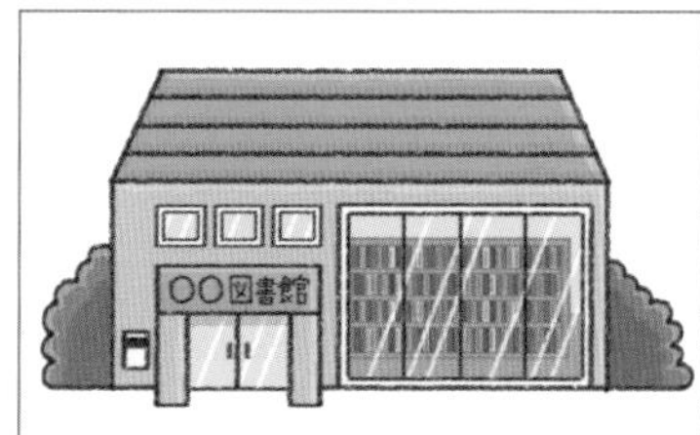

□ **museum** 複 museums
博物館、美術館（びじゅつかん）

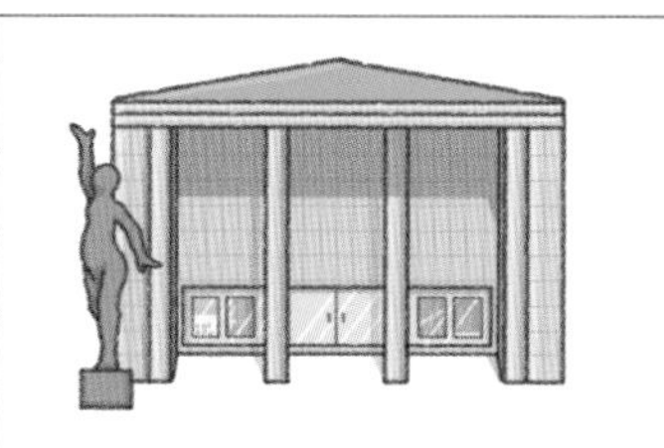

複…2つ以上のときの形（複数形（ふくすうけい））

書いて練習のワーク

読みながらなぞって、書きましょう。

post office

郵便局

convenience store

コンビニエンスストア

flower shop

生花店、花屋

bookstore

書店

restaurant

レストラン

department store

デパート

ice cream shop

アイスクリーム店

elementary school

小学校

station

駅

park

公園

library

図書館、図書室

museum

博物館、美術館

「郵便ポスト」はアメリカでは mailbox［メイルバクス］、イギリスでは postbox［ポウス（トゥ）ボクス］と言うよ。アメリカの郵便ポストは日本やイギリスとちがってふつう青色なんだ。

聞く　話す　読む　書く

月　日

Where's the cat? ⑤

基本のワーク

学習の目標

建物や店を表すことばを英語で言えるようになりましょう。

教科書　82～85 ページ

建物や店を表すことばを覚えよう！②

✪ リズムに合わせて、声に出して言いましょう。

- ☐ **gas station**　複 gas stations　ガソリンスタンド
- ☐ **hospital**　複 hospitals　病院
- ☐ **police station**　複 police stations　警察署(けいさつしょ)

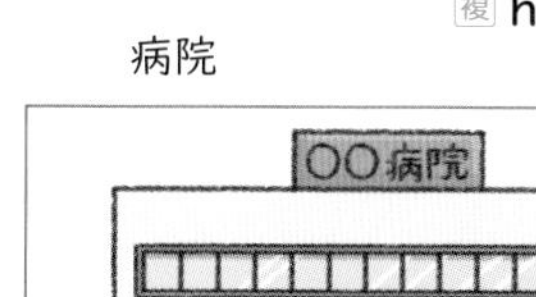

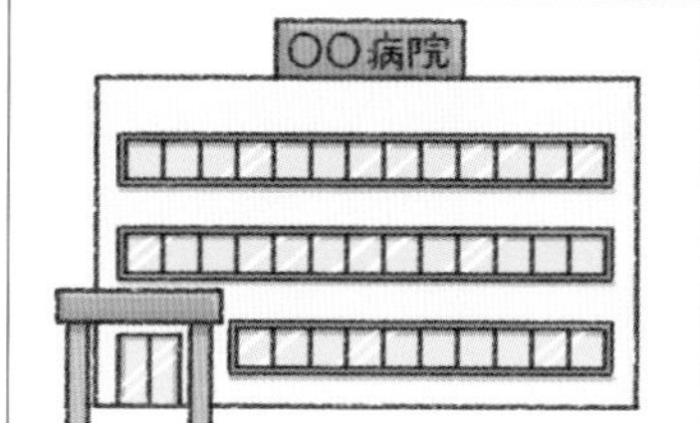

- ☐ **fire station**　複 fire stations　消防署(しょうぼうしょ)
- ☐ **coffee shop**　複 coffee shops　コーヒー店
- ☐ **hotel**　複 hotels　ホテル

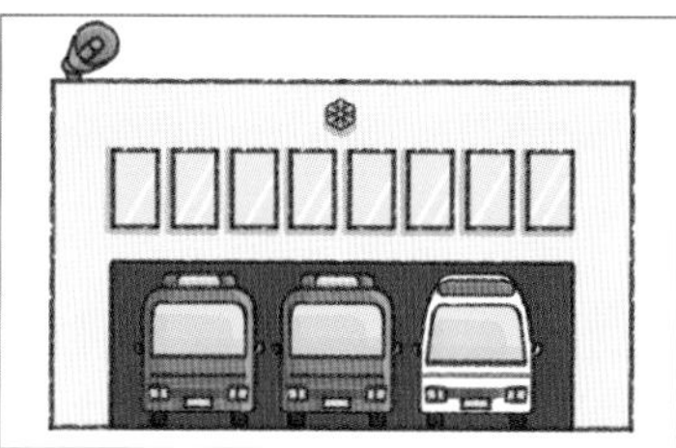

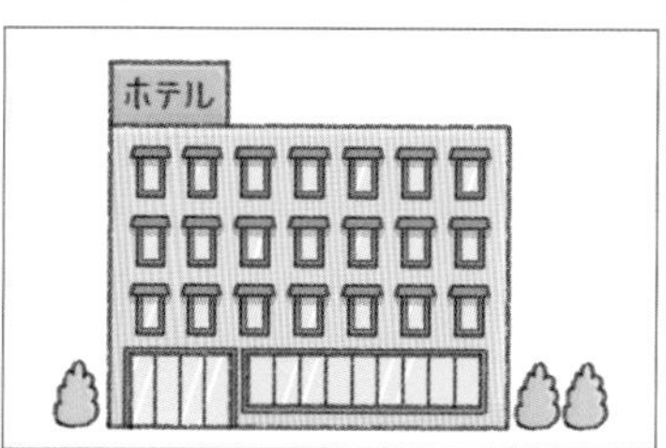

- ☐ **bank**　複 banks　銀行
- ☐ **cake shop**　複 cake shops　ケーキ店
- ☐ **supermarket**　複 supermarkets　スーパーマーケット

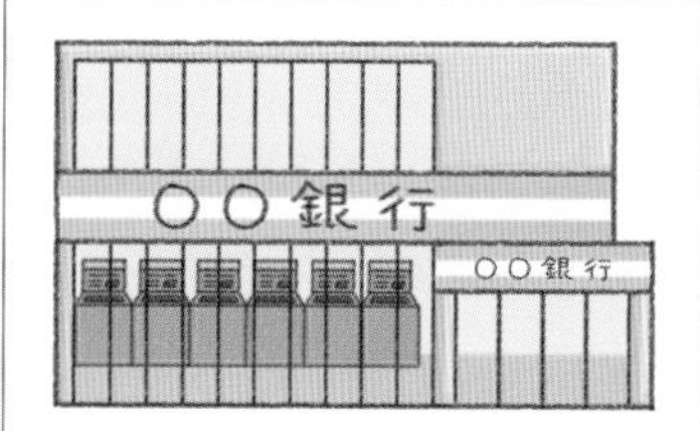

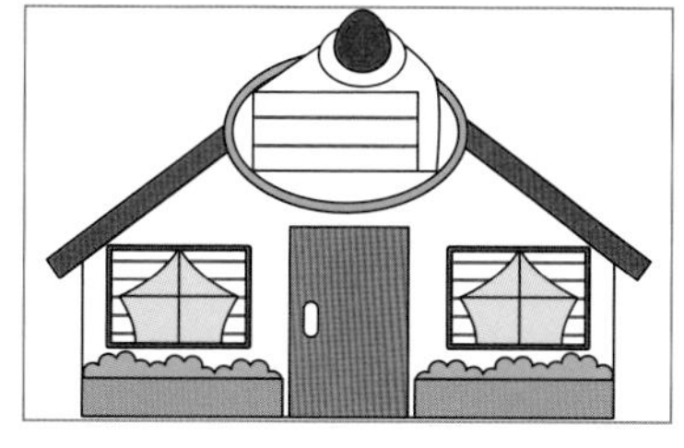

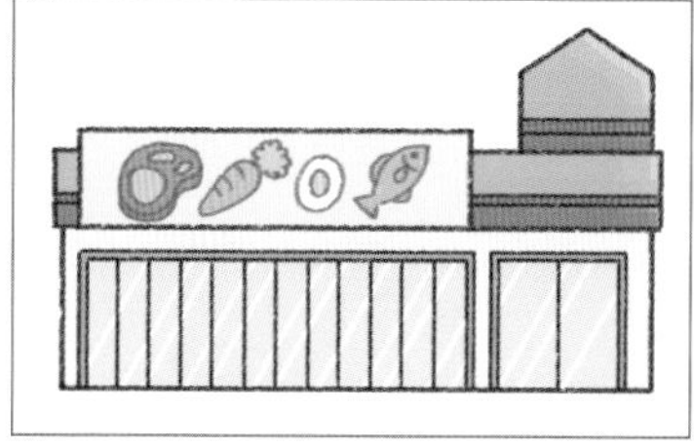

- ☐ **zoo**　複 zoos　動物園
- ☐ **house**　複 houses　家

複…2つ以上のときの形（複数形(ふくすう)）

勉強した日　　月　　日

書いて練習のワーク

読みながらなぞって、もう1～2回書きましょう。

gas station

ガソリンスタンド

hospital

病院

police station

警察署

fire station

消防署

coffee shop

コーヒー店

cake shop

ケーキ店

supermarket

スーパーマーケット

hotel

ホテル

bank

銀行

zoo

動物園

house

家

聞く　話す　読む　書く

stationには「駅」、「～局」、「～署」、「～所」などの意味があるよ。bus station［バス ステイション］（バス発着所）、radio station［レイディオウ ステイション］（ラジオ局）などにもstationが使われているよ。

Where's the cat? ⑥

学習の目標
位置や方向を表すことばを英語で言えるようになりましょう。

教科書 82〜85 ページ

位置や方向を表すことばを覚えよう！

✪ リズムに合わせて、声に出して言いましょう。

□ next to
〜のとなりに

□ between A and B
AとBの間に

□ across from
〜の向かい側に

□ on your right
（あなたの）右側に

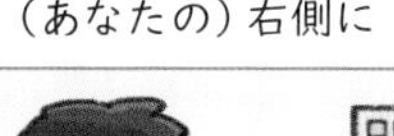

□ on your left
（あなたの）左側に

□ go straight
まっすぐ行く

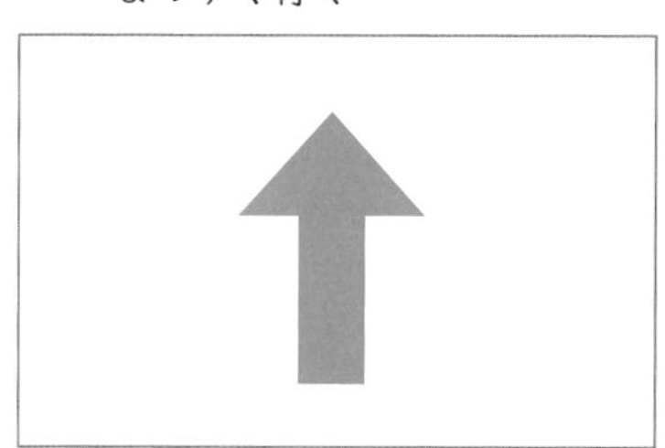

□ turn right
右に曲がる

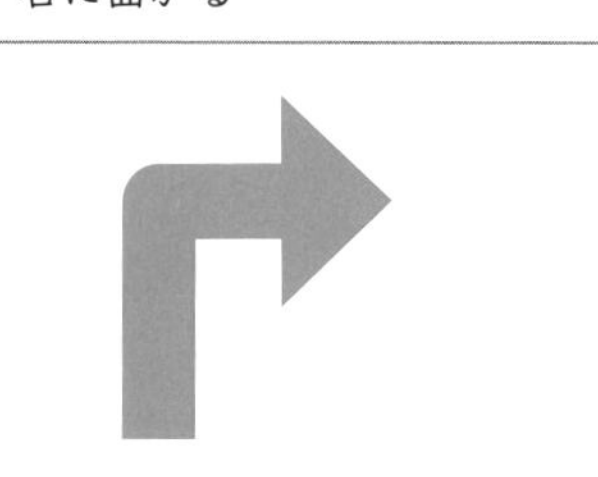

□ turn left
左に曲がる

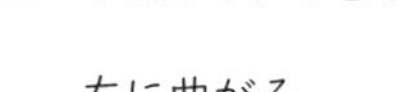

□ kitchen 台所　□ playground 運動場　□ dining room 食堂

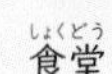

発音コーチ

right の gh、straight の gh は発音しません。このような発音しない文字を黙字と言います。
Wednesday［ウェンズディ］ autumn［オータム］（秋） island［アイランド］（島） ＊赤文字が黙字です。

英語カード 99 〜 117

書いて練習のワーク

読みながらなぞって、もう1～2回書きましょう。

next to

～のとなりに

between A and B

AとBの間に

across from

～の向かい側に

on your right

（あなたの）右側に

on your left

（あなたの）左側に

go straight

まっすぐ行く

turn right

右に曲がる

turn left

左に曲がる

「AとBの間に」という意味の between A and B は場所以外に、時間についても使うことができるよ。
例 I get up between 6 and 7.（わたしは6時と7時の間に起きます）

勉強した日　　月　　日

Where's the cat? ⑦
基本のワーク

学習の目標
建物や店の場所を英語で言えるようになりましょう。

音声

♪a46　教科書 82～85ページ

1 建物や店の場所のたずね方と答え方

言えたらチェック □□□

It's next to the bookstore.
それは書店のとなりにあります。

□□書店　□□病院

✿「～はどこですか」は、Where's ～? と言います。「～」には建物や店を表すことばが入ります。
✿「それは～にあります」は、It's ～. と言います。「～」には場所を表すことばが入ります。

声に出して言ってみよう　□に入ることばを入れかえて言いましょう。

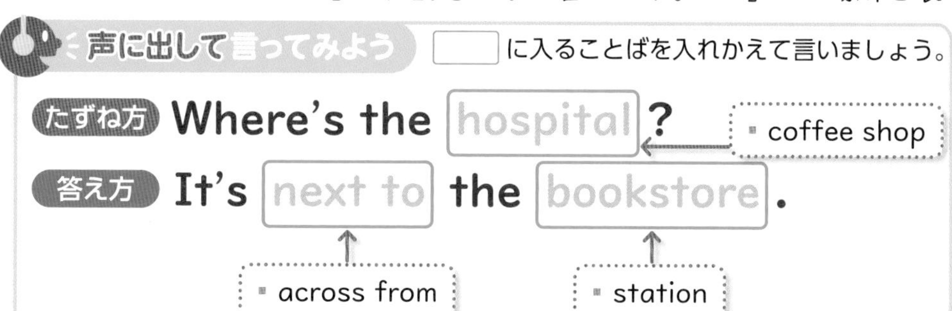

たずね方 Where's the hospital ?
coffee shop
答え方 It's next to the bookstore .
across from
station

ちょこっとプラス
between A and B は「A と B の間に」という意味で、両側にある建物や店を表すことばを and でつなぎます。

2 道案内の言い方

言えたらチェック □□□

Go straight.
まっすぐ行ってください。
Turn left at the hotel.
ホテルを左に曲がってください。
It's on your right.
それはあなたの右側にあります。

✿「まっすぐ行ってください」は、Go straight. と言います。
✿「～を右[左]に曲がってください」は、Turn right[left] at ～. と言います。
✿「それはあなたの右[左]側にあります」は、It's on your right[left]. と言います。

声に出して言ってみよう　□に入ることばを入れかえて言いましょう。

Go straight. Turn left at the hotel .
It's on your right .
left
right
restaurant

表現べんり帳
Go straight and turn left at the hotel. のように and を使ってつなげて言うこともできます。

ステップアップ
道のたずね方は Where's ～? のほかに、How can I get to ～? [ハウ キャン アイ ゲット トゥ] (～へはどうやって行くことができますか) などもあります。

読みながらなぞって、もう１回書きましょう。

Where's the hospital?

病院はどこですか。

It's next to the bookstore.

それは書店のとなりにあります。

It's across from the station.

それは駅の向かい側にあります。

Go straight.

まっすぐ行ってください。

Turn left at the hotel.

ホテルを左に曲がってください。

It's on your right.

それはあなたの右側にあります。

store も shop も同じ「店」という意味を表すよ。アメリカではふつう store を使い、小さな専門店(せんもんてん)を shop と言うよ。イギリスでは shop がよく使われ、大きな店を store と言うよ。

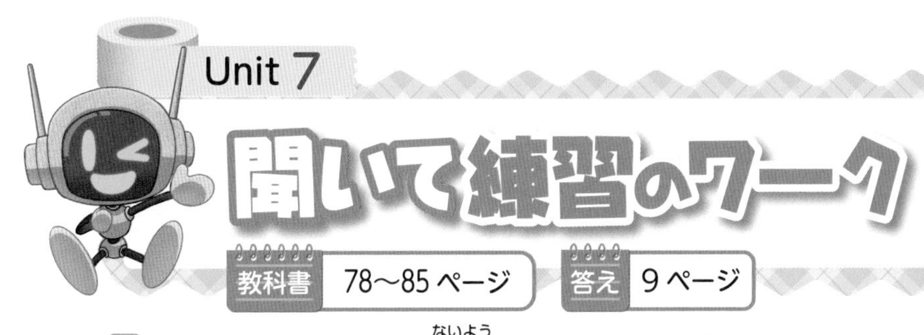

Unit 7
聞いて練習のワーク
教科書 78～85 ページ
答え 9 ページ

1 音声を聞いて、絵の内容(ないよう)と合っていれば○を、合っていなければ×を（ ）に書きましょう。

♪ t15

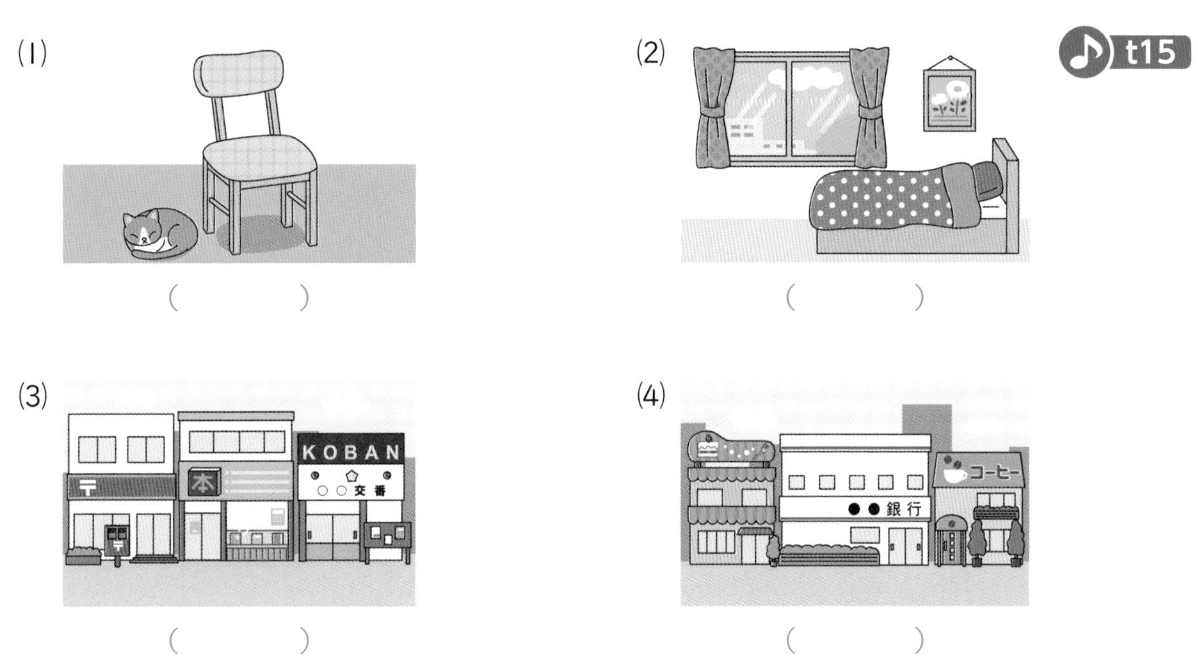

(1)（ ）　(2)（ ）

(3)（ ）　(4)（ ）

2 音声を聞いて、下の地図でそれぞれの建物や店がある場所をア～エから選んで、（ ）に記号を書きましょう。★が今いるところで、➡が進む方向です。

♪ t16

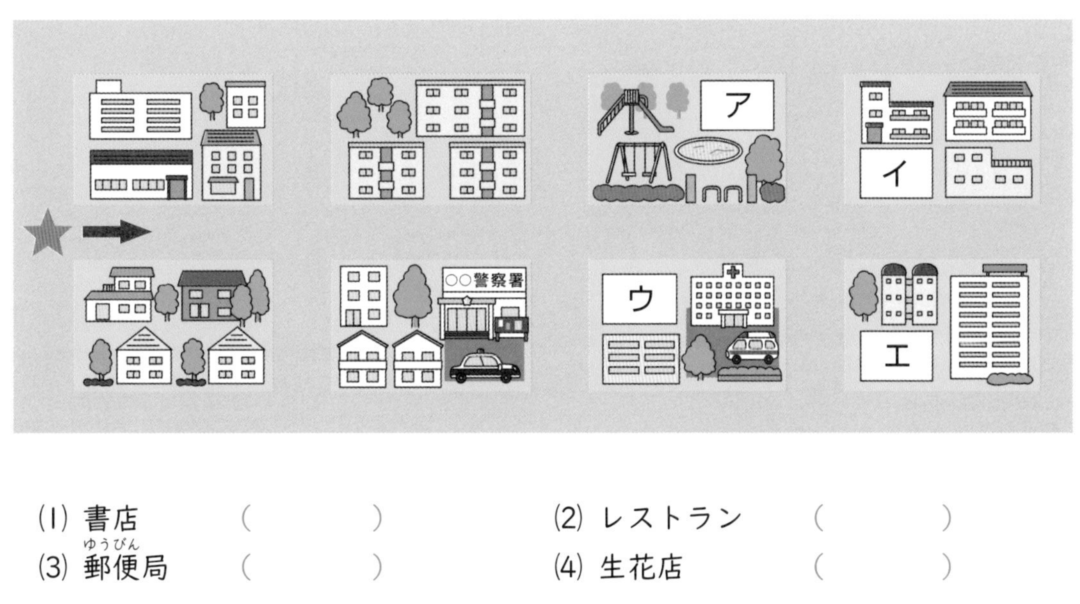

(1) 書店 （ ）　(2) レストラン （ ）

(3) 郵便局(ゆうびん) （ ）　(4) 生花店 （ ）

まとめのテスト

勉強した日　月　日

Unit 7　Where's the cat?

教科書 78〜85ページ　答え 9ページ

1 英語の意味を表す日本語を選んで、線で結びましょう。　1つ6点〔30点〕

(1) elementary school　・　　・デパート

(2) eraser　・　　・駅

(3) department store　・　　・図書館

(4) library　・　　・小学校

(5) station　・　　・消しゴム

2 日本語の意味になるように英語を[ ]から選んで、＿＿に書きましょう。文の最初にくることばは大文字で書きはじめましょう。　1つ5点〔20点〕

(1) 博物館はどこですか。

(2) まっすぐ行ってください。

(3) 公園を右に曲がってください。それはあなたの左側にあります。

Turn ＿＿＿＿ at the park.

It's on your ＿＿＿＿.

right / when's / go / where's / left

Unit 8

勉強した日　月　日

学習の目標

国名を英語で言えるようになりましょう。

Let's go to Singapore. ①

教科書 88〜97 ページ

国名を覚えよう！

リズムに合わせて、声に出して言いましょう。

☐ France
フランス

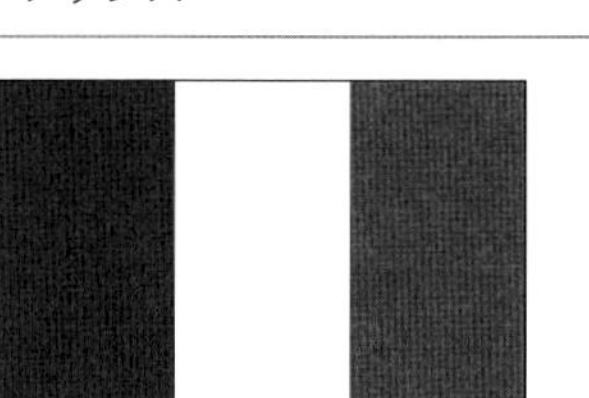

☐ India
インド

☐ Australia
オーストラリア

☐ Spain
スペイン

☐ China
中国

☐ the UK
イギリス

☐ Italy
イタリア

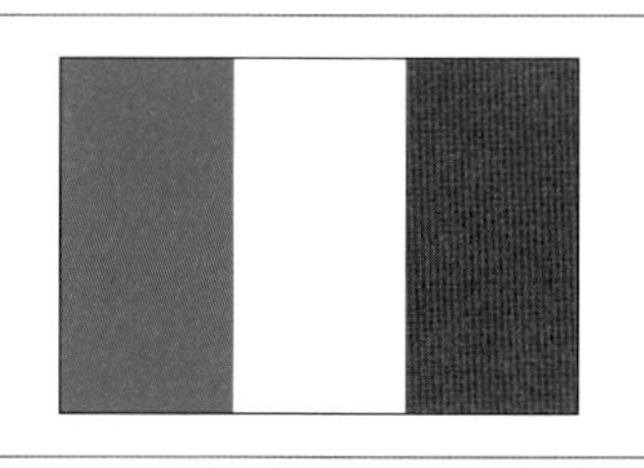

☐ Brazil
ブラジル

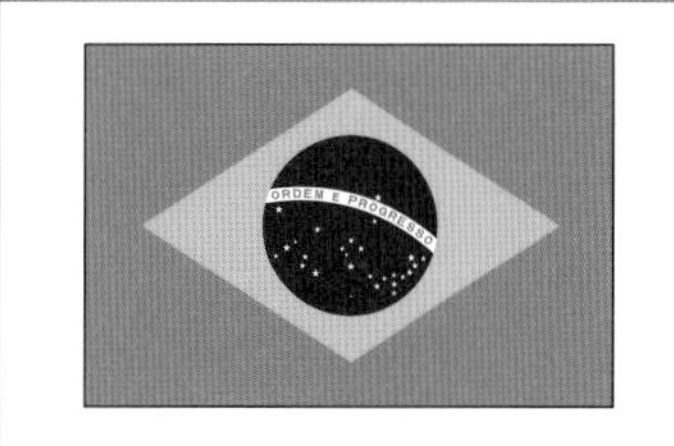

☐ Korea
韓国（かんこく）

♪ a48

☐ Canada カナダ	☐ Egypt エジプト	☐ Russia ロシア
☐ the USA アメリカ合衆国（がっしゅうこく）	☐ New Zealand ニュージーランド	☐ Kenya ケニア
☐ Singapore シンガポール		

ことば解説

国名は必ず最初の文字を大文字にします。ただし、the UK と the USA の the は例外です。

書いて練習のワーク

読みながらなぞって、もう２回書きましょう。

France

フランス

India

インド

Australia

オーストラリア

Spain

スペイン

China

中国

the UK

イギリス

Italy

イタリア

Brazil

ブラジル

Korea

韓国

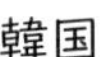

the UK は the United Kingdom［ザ ユーナイティド キングダム］、the USA は the United States of America［ザ ユーナイティド ステイツ オブ アメリカ］を短くした言い方だよ。

勉強した日　月　日

Let's go to Singapore. ②

基本のワーク

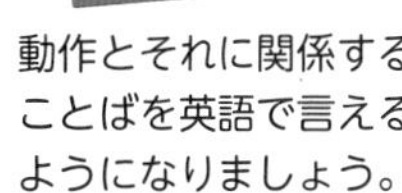

学習の目標

動作とそれに関係することばを英語で言えるようになりましょう。

音声

教科書 88～97 ページ

いろいろな動作を表すことばを覚えよう！

リズムに合わせて、声に出して言いましょう。

言えたらチェック

a49

- [ ] visit
  おとずれる

- [ ] drink
  飲む

- [ ] eat
  食べる

- [ ] see
  見る

- [ ] buy
  買う

- [ ] watch
  見る

- [ ] visit the zoo
  動物園をおとずれる

- [ ] drink chai
  チャイを飲む

- [ ] eat pizza
  ピザを食べる

- [ ] see the pyramids
  ピラミッドを見る

- [ ] buy maple syrup
  メープルシロップを買う

- [ ] watch soccer games
  サッカーの試合を見る

読みながらなぞって、もう1～2回書きましょう。

visit the zoo

動物園をおとずれる

drink chai

チャイを飲む

eat pizza

ピザを食べる

see the pyramids

ピラミッドを見る

buy maple syrup

メープルシロップを買う

watch soccer games

サッカーの試合を見る

chai（チャイ）はインドのあまいお茶で、ミルクティーのような飲みものだよ。maple syrup（メープルシロップ）はサトウカエデの樹液（じゅえき）をにつめた甘味料（かんみりょう）で、カナダの名産品だよ。

Unit 8

Let's go to Singapore. ③

基本のワーク

勉強した日　　月　　日

学習の目標
行ってみたい国について英語で話せるようになりましょう。

音声

♪ a50　教科書 88〜97 ページ

1 行ってみたい国のたずね方と答え方

言えたらチェック

Where do you want to go?
あなたはどこへ行きたいですか。
I want to go to Australia.
わたしはオーストラリアへ行きたいです。

✿「あなたはどこへ行きたいですか」は、**Where do you want to go?** と言います。

✿「わたしは〜へ行きたいです」は、**I want to go to 〜.** と言います。「〜」には国名を入れます。

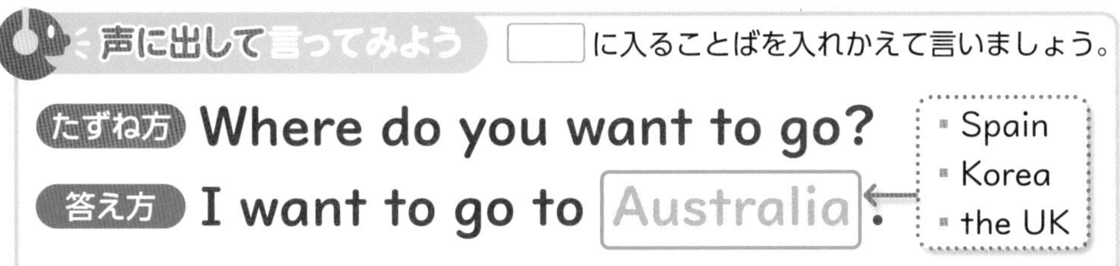

声に出して言ってみよう　□ に入ることばを入れかえて言いましょう。

たずね方 **Where do you want to go?**

答え方 **I want to go to** Australia **.**

- Spain
- Korea
- the UK

ちょこっとプラス

want to 〜は「〜したい」という意味です。to のあとに動作を表すことばが入ります。

2 相手をさそう言い方と答え方

言えたらチェック

Let's go to India.
インドへ行きましょう。
We can eat curry.
わたしたちはカレーを食べることができます。

Yes, let's.
はい、そうしましょう。

✿「〜へ行きましょう」と相手をさそうときは、**Let's go to 〜.** と言います。

✿行く国でできることは、**We can 〜.**（わたしたちは〜することができます）と言います。

声に出して言ってみよう　□ に入ることばを入れかえて言いましょう。

さそい方 **Let's go to** India **.**

- Italy
- Brazil

We can eat curry **.**

- eat pizza
- watch soccer games

答え方 **Yes, let's.**

ちょこっとプラス

Let's 〜. は、「〜しましょう」という意味です。「〜」には動作を表すことばが入ります。

ステップアップ

Let's 〜.（〜しましょう）のさそいを受けるときは、OK.（いいよ）や Good idea.（いい考えですね）と言うこともできます。断るときは、No, let's not.（いいえ、よしましょう）や I'm sorry.（ごめんなさい）などを使います。

✪ 読みながらなぞって、もう１回書きましょう。

Where do you want to go?

あなたはどこへ行きたいですか。

I want to go to Australia.

わたしはオーストラリアへ行きたいです。

I want to go to Korea.

わたしは韓国(かんこく)へ行きたいです。

Let's go to India.

インドへ行きましょう。

Yes, let's.

はい、そうしましょう。

We can eat curry.

わたしたちはカレーを食べることができます。

オーストラリアは昔、イギリスの植民地だったんだ。だから、オーストラリアの国旗の左上の部分には、ユニオンフラッグといわれるイギリスの国旗がえがかれているよ。イギリスとのつながりを表しているんだ。

勉強した日 月 日

聞いて練習のワーク

できた数 /10問中

教科書 88〜97 ページ　答え 10 ページ

1 音声を聞いて、それぞれがどの国に行きたいのか線で結びましょう。

t17

(1)  Ruriko

(2)  Jun

(3)  Aoi

(4)  Naoto

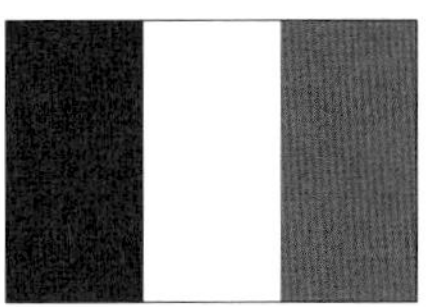 France

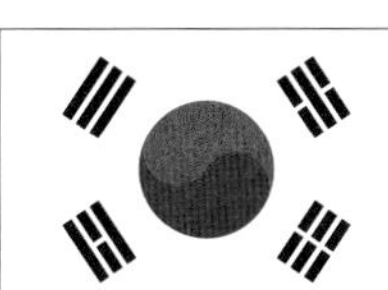 Korea

 the UK

 Brazil

2 音声を聞いて、それぞれがさそわれて行こうとしている国を、「国名」のらんの（　）に日本語で書きましょう。また、その国でできることを下のア～ウから選んで、「できること」のらんの（　）に記号を書きましょう。

t18

	名　前	国　名	できること
(1)	Sakura	(　　　　)	(　　)
(2)	Yota	(　　　　)	(　　)
(3)	Misa	(　　　　)	(　　)

ア　ピザを食べる　　イ　サッカーの試合を見る

ウ　チャイを飲む

まとめのテスト

勉強した日　月　日

Unit 8　Let's go to Singapore.

得点　/50点

時間 20分

教科書 88～97ページ　答え 10ページ

1 英語の意味を表す日本語を選んで、線で結びましょう。　1つ6点〔30点〕

(1) Australia	・	・中国
(2) see the pyramids	・	・動物園をおとずれる
(3) buy maple syrup	・	・オーストラリア
(4) visit the zoo	・	・メープルシロップを買う
(5) China	・	・ピラミッドを見る

2 日本語の意味になるように英語を［　］から選んで、＿＿に書きましょう。文の最初にくることばは大文字で書きはじめましょう。　1つ5点〔20点〕

(1) わたしはアメリカ合衆国(がっしゅうこく)へ行きたいです。

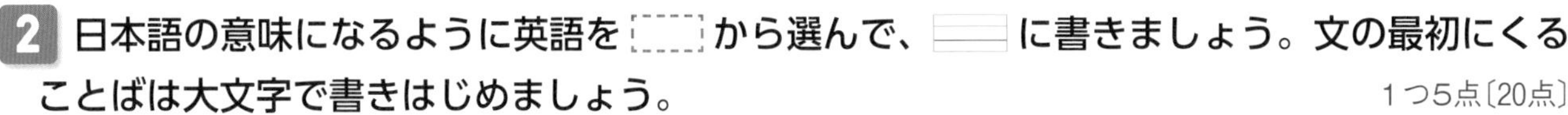

I want to go to ＿＿＿＿.

(2) カナダへ行きましょう。

＿＿＿＿ go to Canada.

(3) あなたはどこへ行きたいですか。

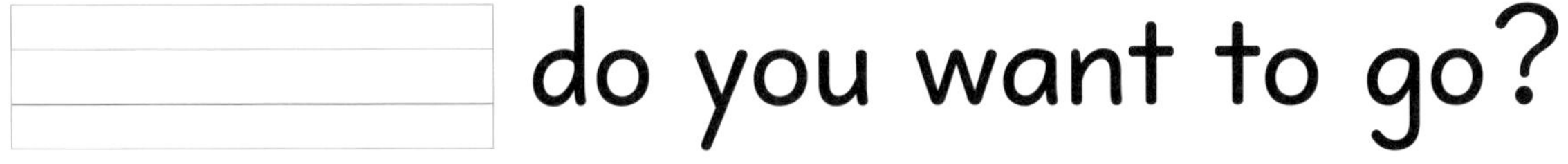

＿＿＿＿ do you want to go?

(4) わたしたちはカレーを食べることができます。

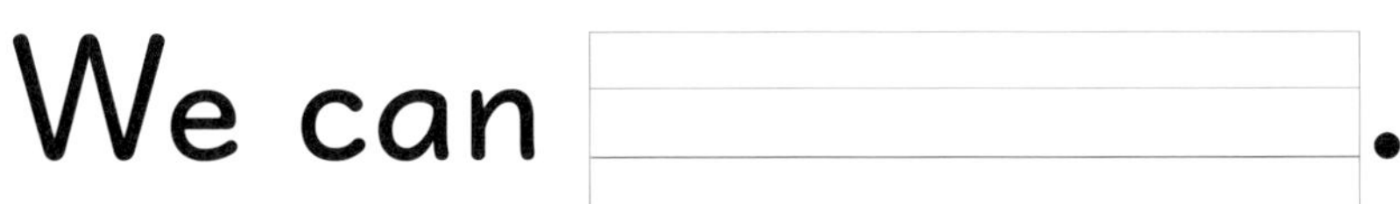

We can ＿＿＿＿.

the USA / let's / eat pizza / the UK / where / eat curry

勉強した日　　月　　日

リーディングレッスン 1

教科書 104〜107 ページ

答え 11 ページ

次の英語の文章を３回読みましょう。　言えたらチェック □□□

① **The sky is blue.**

② **The clouds are white.**

③ **The sky is gray.**

The sun is behind the clouds.

sky［スカイ］：空　blue［ブルー］：青い　cloud(s)［クラウド］：雲　white［(フ)ワイト］：白い
gray［グレイ］：灰色の　sun［サン］：太陽　behind［ビハインド］：〜の後ろに

Question

できた数 /3問中

文章の内容と絵について、次の質問に答えましょう。

(1) 下線部①・②では色の対比が表現されています。それは何色と何色ですか。(　)に日本語を書きましょう。

空の(　　　　　　)と雲の(　　　　　　)

(2) 下線部③のとき、外出時に持っていくとよいものを、下のア～ウから１つ選び、(　)に記号を書きましょう。

ア かさ　　イ かばん　　ウ 本　　(　　)

(3) 次の英語の質問に答えるとき、(　)の中から正しいほうを選んで、◯で囲みましょう。

Where's the sun?

— It's (behind / under) the clouds.

✪ 英文をなぞって書きましょう。

The sky is blue.

The clouds are white.

The sky is gray.

The sun is behind the clouds.

勉強した日 月 日

リーディングレッスン 2

教科書 104～107 ページ　答え 11 ページ

次の英語の文章を３回読みましょう。

言えたらチェック

What's the weather tomorrow?

Sunny.

① Let's go hiking.

What's the weather tomorrow?

② Maybe rainy.

Let's play *shogi* ③ inside.

weather［ウェザァ］：天気　tomorrow［トゥモーロウ］：あすは　sunny［サニィ］：晴れた
hiking［ハイキング］：ハイキング　maybe［メイビィ］：たぶん　rainy［レイニィ］：雨の
inside［インサイド］：内側で、屋内で

Question

できた数
/3問中

文章の内容(ないよう)と絵について、次の質問(しつもん)に答えましょう。

(1) 下線部①のようにさそう理由は何ですか。（　）に日本語を書きましょう。

あすは（　　　　　　　　）から。

(2) 下線部②からわかる話し手の気持ちを、下のア～ウから１つ選び、（　）に記号を書きましょう。

ア 雨がふるかもしれない　イ 絶対(ぜったい)に雨はふらない　ウ 絶対に雨がふる

（　　　）

(3) 下線部③が意味する場所として考えられるものを、下のア～ウから１つ選び、（　）に記号を書きましょう。

ア 公園　イ 庭　ウ 家の中　（　　　）

✪ 英文をなぞって書きましょう。

What's the weather tomorrow?

Sunny.

Let's go hiking.

Maybe rainy.

Let's play shogi inside.

聞く 話す 読む 書く

教室で使う英語

教室で使う英語のあいさつを覚えましょう。音声を聞いて、言ってみましょう。

授業(じゅぎょう)の始まりのあいさつ

Hello, class. / Hello. こんにちは、みなさん。/こんにちは。

体調のたずね方

How are you? お元気ですか。

I'm fine. 元気です。

お願いのしかた

Open the window, please. まどを開けてください。

Open the door, please. ドアを開けてください。

「しめる」は close［クロウズ］だよ！

ものをわたすとき、お礼を言うときの言い方

Here you are. はい、どうぞ。

Thank you. ありがとう。

じゃんけんをするときの言い方

Rock, scissors, paper, one, two, three! じゃんけんポン！

three のときに、グー、チョキ、パーを出すよ！

別れるときのあいさつ

See you later. / See you. またね。

ほかにも、Goodbye. や Bye. などの言い方もあるよ。

動画で復習&アプリで練習！

重要表現まるっと整理

5年生の重要表現を復習するよ！動画でリズムにあわせて楽しく復習したい人は 1 を、はつおん練習にチャレンジしたい人は 2 を読んでね。 1 → 2 の順で使うとより効果的だよ！

1 「わくわく動画」の使い方

各ページの冒頭についているQRコードを読み取ると、動画の再生ページにつながります。

Hello. Nice to meet you. Oliver!

Alec先生に続けて子どもたちが１人ずつはつおんします。Alec先生が「You!」と呼びかけたらあなたの番です。

It's your turn!
Hello. Nice to meet you.

It's your turn!（あなたの番です）が出たら、画面に出ている英文をリズムにあわせてはつおんしましょう。

最後に自己表現の練習をします。It's your turn! が出たら、画面上の英文をはつおんしましょう。　　の中に入れる単語は Hint! も参考にしましょう。

2 「文理のはつおん上達アプリ　おん達」の使い方

ホーム画面下の「かいわ」を選んで、学習したいタイトルをおします。

トレーニング

1. をおしてお手本の音声を聞きます。
2. をおして英語をふきこみます。
3. 点数を確認し、をおして自分の音声を聞きましょう。

チャレンジ

1. カウントダウンのあと会話が始まります。
2. が光ったら英語をふきこみ、最後にもう一度 をおします。
3. "Role Change!"と出たら役をかわります。

ダウンロード

アクセスコード
E6M77F8a

※アクセスコード入力時から15か月間ご利用になれます。
※本サービスは無料ですが、別途各通信会社の通信料がかかります。 ※お客様のネット環境および端末によりご利用いただけない場合がございます。ご理解、ご了承いただきますよう、お願いいたします。 ※【推奨環境】スマートフォン、タブレット等（iOS11以上、Android8.0以上）

勉強した日 月 日

第1回 はじめましてのあいさつ

重要表現まるっと整理

5-01
動画

✪ アプリを使って会話の練習をしましょう。80点以上になるように何度も練習しましょう。

トレーニング はじめましてのあいさつの表現を練習しましょう。____の部分をかえて練習しましょう。

♪ s01

- □① Hello. My name is Yuki. こんにちは、わたしの名前はユキです。
  - ・Keita ・Mary ・John
- □② How do you spell your name? あなたの名前はどのようにつづりますか。
- □③ Y-U-K-I. Yuki. Y、U、K、I。ユキです。
  - ・K-E-I-T-A. Keita. ・M-A-R-Y. Mary. ・J-O-H-N. John.
- □④ Nice to meet you. はじめまして。
- □⑤ Nice to meet you, too. こちらこそ、はじめまして。

何度も練習してね！

チャレンジ はじめましてのあいさつの会話を練習しましょう。

♪ s02

Hello. My name is Yuki.
How do you spell your name?
Y-U-K-I. Yuki.
Nice to meet you.
Nice to meet you, too.

第2回 誕生日について 重要表現まるっと整理

5-02

アプリを使って会話の練習をしましょう。80点以上になるように何度も練習しましょう。

トレーニング 誕生日についての表現を練習しましょう。＿＿の部分をかえて練習しましょう。

s03

- ① When is your birthday?　あなたの誕生日はいつですか。
- ② My birthday is April 2nd.　わたしの誕生日は４月２日です。
  - ・July 5th　・October 23rd　・January 31st
- ③ What do you want for your birthday?　あなたは誕生日に何がほしいですか。
- ④ I want a bike.　わたしは自転車がほしいです。
  - ・a bag　・a watch　・a cake

チャレンジ 誕生日についての会話を練習しましょう。

s04

When is your birthday?

My birthday is April 2nd.

4月 2日

What do you want for your birthday?

I want a bike.

聞く　話す　読む　書く

勉強した日 月 日

第3回 できることについて 重要表現まるっと整理

アプリを使って会話の練習をしましょう。80点以上になるように何度も練習しましょう。

トレーニング できることについての表現を練習しましょう。＿＿の部分をかえて練習しましょう。

s05

□① Can you swim fast? あなたは速く泳ぐことができますか。
・bake bread well ・sing well ・jump high

□② Yes, I can. はい、できます。
・No, I can't.

がんばって！

□③ This is Ken. こちらはケンです。
・Emi ・Yuta ・Satomi

□④ He can swim fast. 彼（かれ）は速く泳ぐことができます。
・She
・bake bread well ・sing well ・jump high

□⑤ Cool! かっこいい！
・Great! ・Nice! ・Wonderful!

チャレンジ できることについての会話を練習しましょう。

s06

Can you swim fast?
Yes, I can.
This is Ken.
He can swim fast.
Cool!

勉強した日 月 日

第4回

時間割(じかんわり)や好きな教科について
重要表現まるっと整理

5-04
動画

アプリを使って会話の練習をしましょう。80点以上になるように何度も練習しましょう。

トレーニング 時間割や好きな教科についての表現を練習しましょう。＿＿の部分をかえて練習しましょう。

s07

□① What do you have on Monday? あなたは月曜日に何がありますか。
・Tuesday ・Thursday ・Friday

□② I have English on Monday. わたしは月曜日に英語があります。
・Japanese ・science ・music / ・Tuesday ・Thursday ・Friday

□③ What subject do you like? あなたは何の教科が好きですか。

□④ I like math. わたしは算数が好きです。
・social studies ・P.E. ・arts and crafts

チャレンジ 時間割や好きな教科について会話を練習しましょう。

s08

What do you have on Monday?
I have English on Monday.
英語
What subject do you like?
I like math.

勉強した日　月　日

第5回

もののある場所について
重要表現まるっと整理

5-05

動画

アプリを使って会話の練習をしましょう。80点以上になるように何度も練習しましょう。

トレーニング　もののある場所についての表現を練習しましょう。＿＿の部分をかえて練習しましょう。

s09

- □① Where is the pencil?　えんぴつはどこにありますか。
  - ・notebook ・ball ・towel
- □② It's in the pencil case.　それは筆箱の中です。
  - ・bag ・box ・basket
- □③ Where is the pencil case?　筆箱はどこにありますか。
  - ・bag ・box ・basket
- □④ It's on the desk.　それはつくえの上にあります。
  - ・under the chair ・by the door ・under the table

大きな声で
言ってみよう！

チャレンジ　もののある場所についての会話を練習しましょう。

s10

Where is the pencil?

It's in the pencil case.

Where is the pencil case?

It's on the desk.

第6回 道案内
重要表現まるっと整理

✪ アプリを使って会話の練習をしましょう。80点以上になるように何度も練習しましょう。

トレーニング 道案内の表現を練習しましょう。___の部分をかえて練習しましょう。

s11

- □① Where is the station?　駅はどこにありますか。
  - ・park ・museum ・school
- □② Go straight for one block.　1区画まっすぐに行ってください。
  - ・two blocks ・three blocks
- □③ Turn right at the corner.　その角を右に曲がってください。
  - ・left
  - ・second corner ・third corner
- □④ You can see it on your left.　それはあなたの左手に見えます。
  - ・right

チャレンジ 道案内の会話を練習しましょう。

s12

Where is the station?
○○駅
Go straight for one block.
Turn right at the corner.
You can see it on your left.

聞く 話す 読む 書く

第7回 レストランでの注文

重要表現まるっと整理

アプリを使って会話の練習をしましょう。80点以上になるように何度も練習しましょう。

トレーニング レストランでの注文の表現を練習しましょう。＿＿の部分をかえて練習しましょう。

s13

- □① What would you like? 何をめしあがりますか。
- □② I'd like fried chicken. フライドチキンをください。
  - ・curry and rice ・ice cream ・grilled fish
- □③ How much is it? いくらですか。
- □④ It's 400 yen. 400円です。
  - ・600 ・200 ・550

チャレンジ レストランでの注文の会話を練習しましょう。

s14

What would you like?

I'd like fried chicken.

How much is it?

It's 400 yen.

●勉強した日　　月　　日

夏休みのテスト

時間 20分

名前　　得点　／100点

教科書 8～39ページ　答え 12ページ

1 音声を聞いて、絵の内容と合っていれば○を、合っていなければ×を（　）に書きましょう。

1つ6点〔24点〕

♪ t19

(1)

（　　　）

(2)

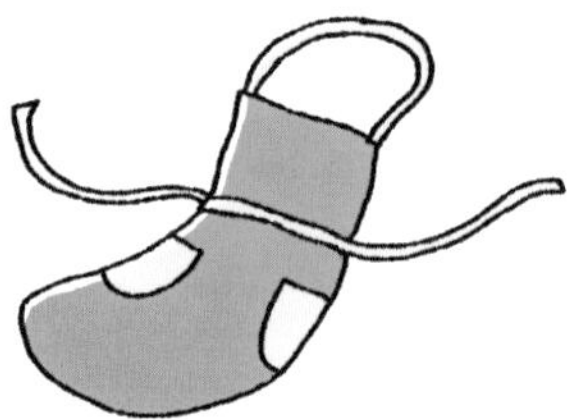

（　　　）

(3)

（　　　）

(4)

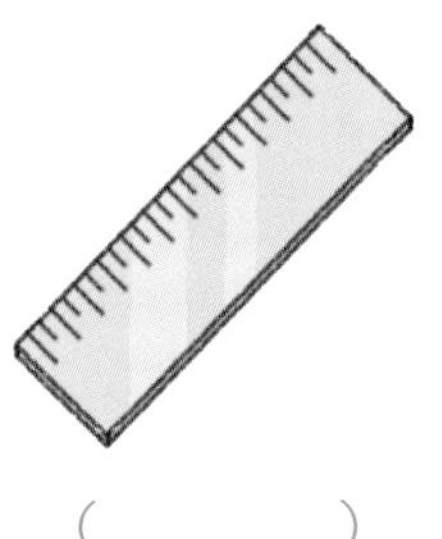

（　　　）

2 音声を聞いて、それぞれが家でどんな仕事をしているか、線で結びましょう。 1つ8点〔24点〕

♪ t20

(1)

Shun　・　　・

(2)

Emma　・　　・

(3)

Ruriko　・　　・

6 メグミの自己（じこ）しょうかいカードを読んで、内容（ないよう）に合うように英語を[ ]から選んで、[ ]に書きましょう。文の最初にくることばは大文字で書きはじめましょう。 1つ6点〔30点〕

Megumi

【自己しょうかいカード】
名前：メグミ
誕生日（たんじょうび）：5月20日
誕生日にほしいもの：ケーキ
好きな教科：算数（理由：おもしろい）

(1) ________ Megumi.

(2) My birthday is ________ 20th.

(3) I want a ________ for my birthday.

(4) I like ________.

(5) It's ________.

cake / math / May / I'm / interesting

実力判定テスト 夏休みのテスト

時間 10分　名前　得点 /50点

教科書 8～39ページ　答え 12ページ　書く　読む

5 日本語の意味になるように英語を[ ]から選んで、＿に書きましょう。文の最初にくることばは大文字で書きはじめましょう。

1つ5点〔20点〕

⑴ あなたの名前はどうつづりますか。

＿＿＿＿ do you spell your name?

⑵ あなたは月曜日には何がありますか。

What do you have on

＿＿＿＿?

⑶ 今８時です。

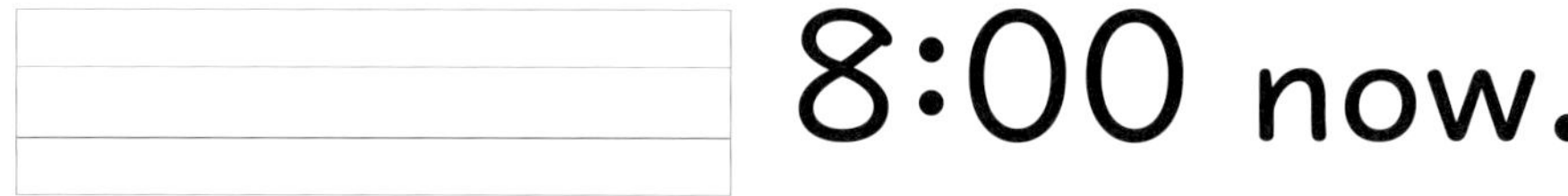

＿＿＿＿ 8:00 now.

⑷ わたしは毎回食卓(しょくたく)の用意をします。

I ＿＿＿＿ set the table.

it's / always / how / when / Monday / Friday

3 音声を聞いて答える問題です。質問とその答えとして、ア、イ、ウの３つの文が読まれます。絵を見て質問に合う答えを選んで、（　）に記号を書きましょう。

1つ6点〔24点〕

t21

(1)

（　　　）

(2)

（　　　）

(3)

（　　　）

(4)

（　　　）

4 音声を聞いて答える問題です。ジュンが自分の生活について英語で話しています。その内容を（　）に数字または日本語で書きましょう。

1つ7点〔28点〕

t22

Jun

	テーマ	答　え
(1)	起きる時こく	（　　　：　　　）
(2)	朝食を食べる時こく	（　　　：　　　）
(3)	朝食後にすること	（　　　　　　）
(4)	ねむる前にすること	（　　　　　　）

うら面の問題も解きましょう。

●勉強した日　　月　　日

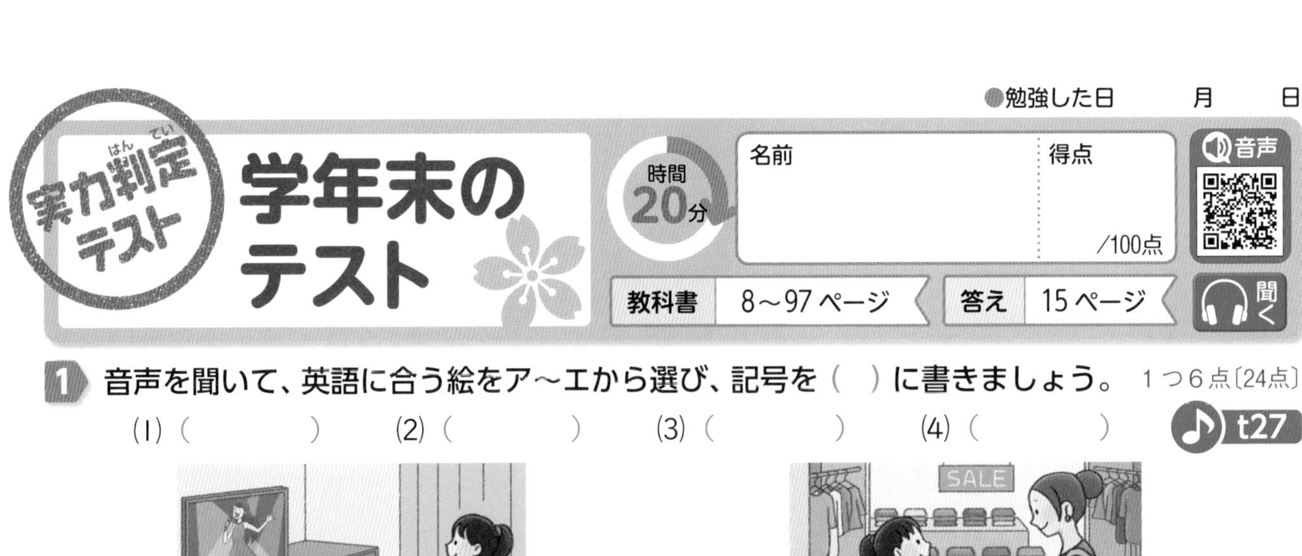

実力判定テスト
学年末のテスト
時間 20分
名前
得点
/100点
音声
教科書 8～97ページ
答え 15ページ
聞く

1 音声を聞いて、英語に合う絵をア～エから選び、記号を（　）に書きましょう。 1つ6点〔24点〕

t27

(1)（　　　）　(2)（　　　）　(3)（　　　）　(4)（　　　）

ア

イ

ウ

エ

2 音声を聞いて、それぞれが行きたい場所を線で結びましょう。 1つ8点〔24点〕

(1)

Jun

(2)
Aoi

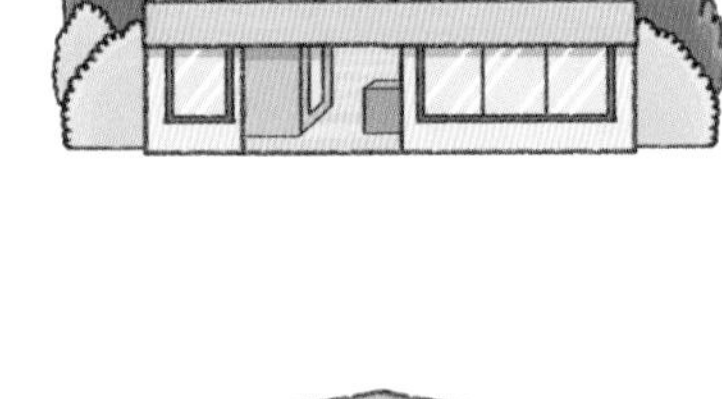

(3)

Naoto

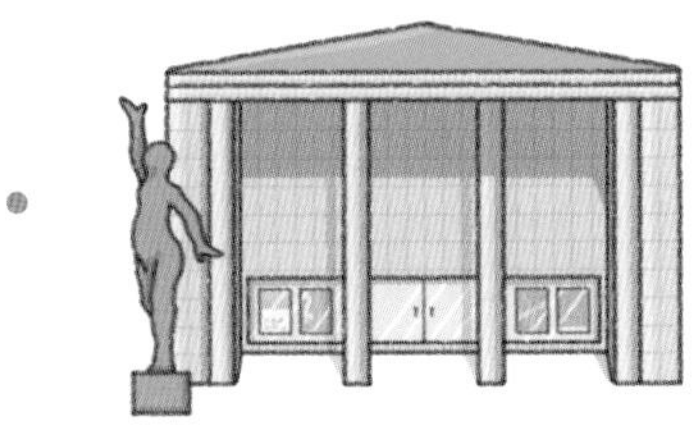

6 マユミの自己(じこ)しょうかいカードを読んで、内容(ないよう)に合うように英語を [ ] から選んで、＿＿に書きましょう。

1つ5点〔25点〕

Mayumi

【マユミの自己しょうかいカード】
好きな動物：イヌ
得意(とくい)なこと：歌うこと
行きたい国：イタリア
ほしいもの：かばん
誕生日(たんじょう)：7月 10日

(1) I ＿＿＿＿ dogs.

(2) I'm good at ＿＿＿＿ .

(3) I want to go to ＿＿＿＿ .

(4) I want a ＿＿＿＿ .

(5) My birthday is ＿＿＿＿ 10th.

singing / June / Italy / July / bag / like

時間 10分

名前　　得点　　/50点

教科書 8～97 ページ　答え 15 ページ

書く　読む

5 日本語の意味になるように英語を［　］から選んで、＿＿に書きましょう。文の最初にくることばは大文字で書きはじめましょう。　1つ5点〔25点〕

(1) 消しゴムは筆箱の中にあります。

The eraser is ＿＿＿＿ the pencil case.

(2) 公園を左に曲がってください。

Turn ＿＿＿＿ at the park.

(3) それはあなたの右側にあります。

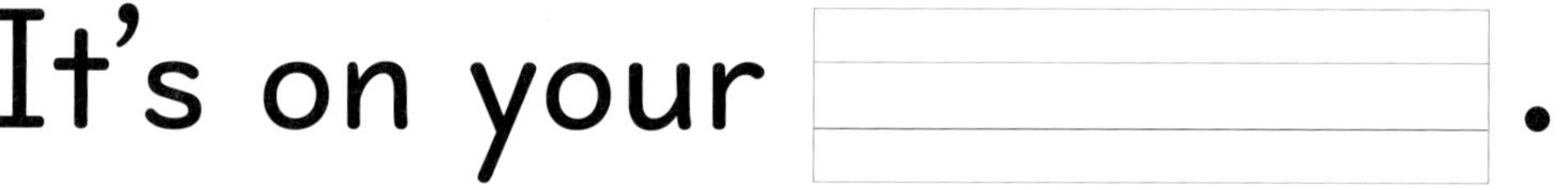

It's on your ＿＿＿＿ .

(4) フランスへ行きましょう。

＿＿＿＿ go to France.

(5) わたしたちはピザを食べることができます。

We can ＿＿＿＿ pizza.

let's / it's / by / in / left / right / see / eat

3 音声を聞いて答える問題です。質問(しつもん)とその答えとして、ア、イ、ウの３つの文が読まれます。絵を見て質問に合う答えを選んで、（　）に記号を書きましょう。

1つ6点〔24点〕

(1)

（　　　）

(2)
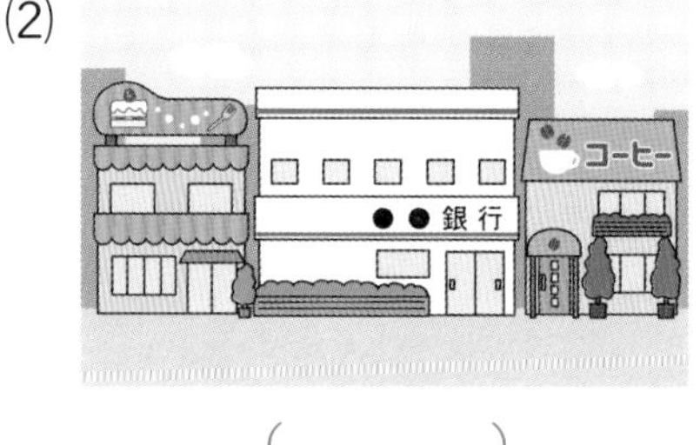

（　　　）

(3)
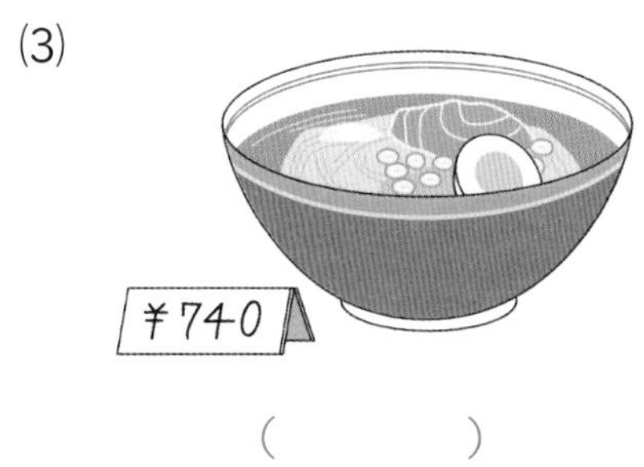

（　　　）

(4)

（　　　）

4 音声を聞いて答える問題です。ナオが英語で家族の１人をしょうかいしています。その内容(ないよう)を（　）に日本語で書きましょう。

1つ7点〔28点〕

t30

	テーマ	答え
(1)	しょうかいしている人との関係	しょうかいしている人はナオの（　　　　）である
(2)	しょうかいしている人の職業	（　　　　　　　　）
(3)	しょうかいしている人のとくちょう	（　　　　　　　　）
(4)	しょうかいしている人の得意(とくい)なこと	（　　　　　　　　）

うら面の問題も解(と)きましょう。

6 メグミが家族の１人をしょうかいしています。カードを読んで、内容（ないよう）に合うように英語を [　] から選んで、＿＿ に書きましょう。　1つ5点〔25点〕

【兄について】
職業：教師（きょうし）
とくちょう：親切
できること：上手（じょうず）に歌うこと
苦手なこと：おどること

(1) This is my ＿＿＿＿ .

(2) He's a ＿＿＿＿ .

(3) He's ＿＿＿＿ .

(4) He can ＿＿＿＿ well.

(5) He's not good at ＿＿＿＿ .

kind / sing / dancing / teacher / brother

●勉強した日　　月　　日

実力判定テスト

冬休みのテスト

時間 20分

名前　　得点　　/100点

音声

教科書 46～73ページ　答え 13ページ

聞く

1 音声を聞いて、絵の内容と合っていれば○を、合っていなければ×を（　）に書きましょう。

1つ6点〔24点〕

t23

(1)（　　）

(2)（　　）

(3)（　　）

(4)（　　）

2 音声を聞いて、それぞれが得意なことを線で結びましょう。

1つ8点〔24点〕

(1) Megumi

(2) Koji

(3) Yuri

3 音声を聞いて答える問題です。ア、イ、ウの３つの文が読まれます。絵に合う文を選んで、（　）に記号を書きましょう。

1つ7点〔28点〕

(1)

（　　　）

(2)

（　　　）

(3)

（　　　）

(4)

（　　　）

4 音声を聞いて答える問題です。リクが英語で食べものをしょうかいしています。その内容を（　）に日本語で書きましょう。

1つ8点〔24点〕

Riku

	テーマ	答　え
(1)	しょうかいしている食べもの	（　　　　　）
(2)	しょうかいしている食べもののとくちょう	（　　　　　）
(3)	しょうかいしている食べものの金額（きんがく）	（　　　　　）

うら面の問題も解（と）きましょう。

●勉強した日　　月　　日

実力判定(はんてい)テスト 冬休みのテスト

時間 10分

名前　　得点　　/50点

書く　読む

教科書 46～73ページ　　答え 13ページ

5 日本語の意味になるように英語を［　　］から選んで、＿＿に書きましょう。文の最初にくることばは大文字で書きはじめましょう。 1つ5点〔25点〕

(1) ケーキはいかがですか。

is your cake?

(2) [(1)に答えて] （それは）あまいです。

It's
.

(3) わたしは高くジャンプすることができません。

I ＿＿＿＿＿＿ jump high.

(4) 何になさいますか。

would you like?

(5) それはいくらですか。

How
is it?

much / not / sweet / how / can't / what / hot

英語 5年 啓林 ② ウラ

19

日曜日

20

水曜日

21

金曜日

22

春

23

夏

24

秋

25

冬

26

1 月

27

7 月

28

12 月

Wednesday

January

summer

Friday

spring

Sunday

winter

December

fall

July

⑨

太鼓

⑩

ドッジボール

⑪

バドミントン

⑫

バレーボール

⑬

いす

⑭
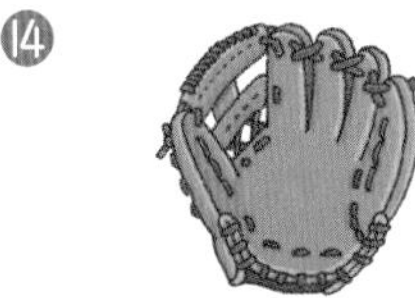
グローブ

⑮
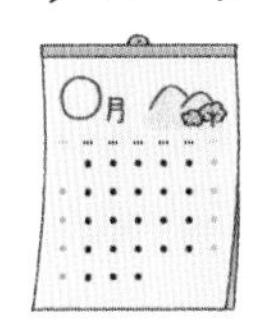
カレンダー

⑯

英語

⑰

国語

⑱

算数

drum

English

volleyball

math

badminton

glove

Japanese

chair

calendar

dodgeball

●勉強した日　　月　　日

5年生の単語38語を書こう!

単語リレー

時間 30分

名前

単語カード 1 ～ 156

答え 16ページ

5年生のわくわく英語カードで覚えた単語のおさらいです。絵に合う単語を [ ] から選び、＝ に書きましょう。

❶

家族

❷

お父さん

❸

お姉さん、妹

❹

ステーキ

❺

スパゲッティ

❻
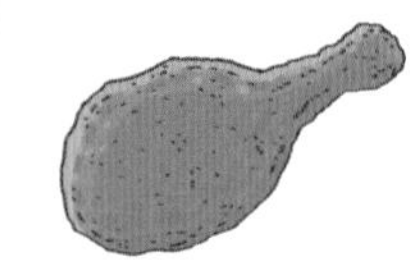
フライドチキン

❼
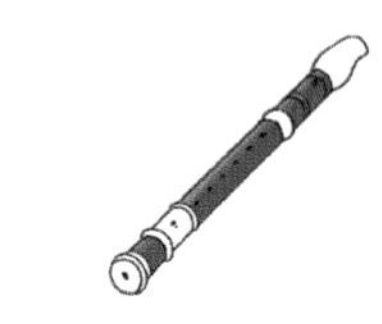
リコーダー

❽

ギター

steak
father
sister
guitar
family
fried chicken
spaghetti
recorder

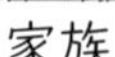

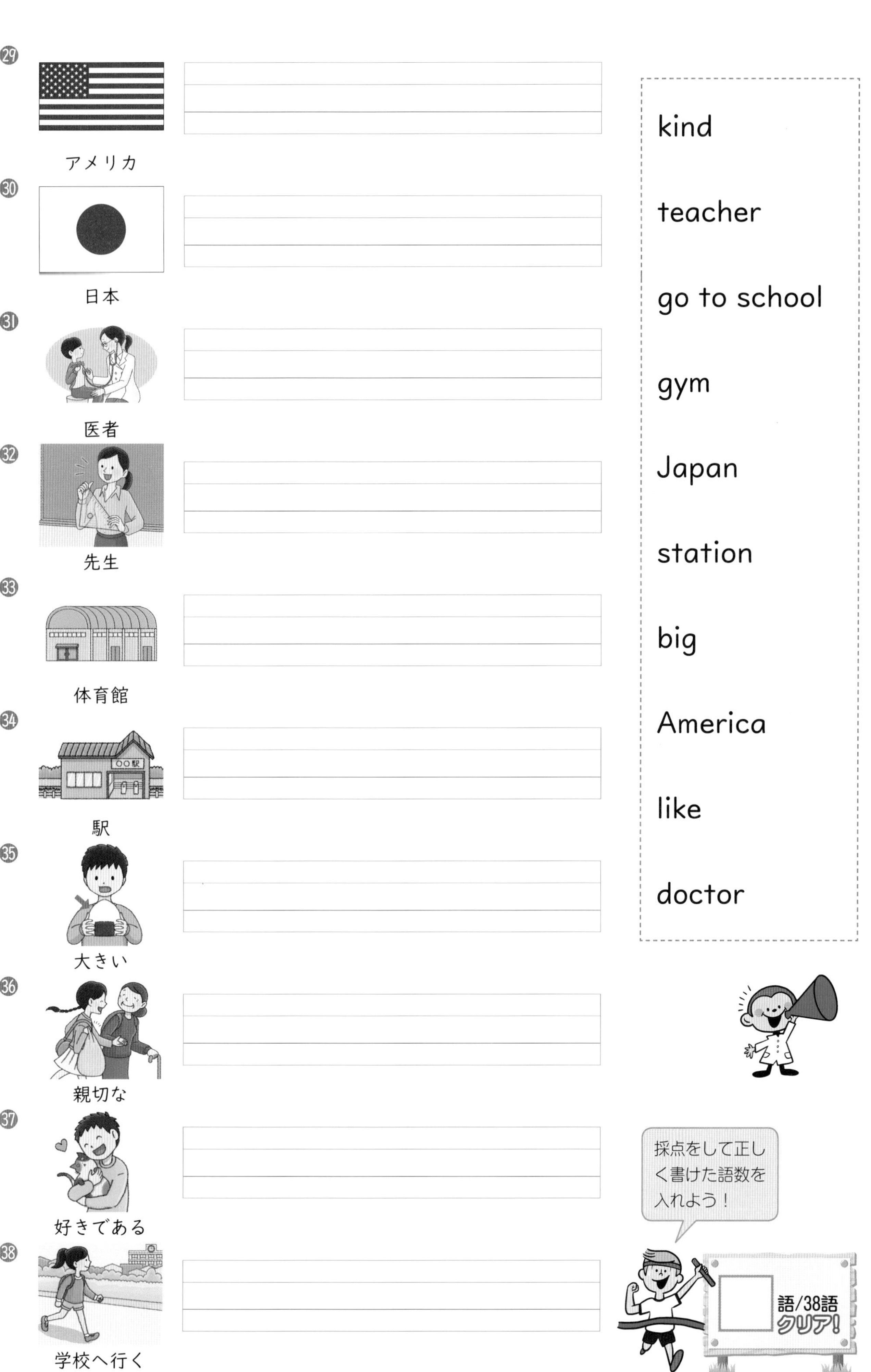

㉙
アメリカ
㉚
日本
㉛
医者
㉜
先生
㉝
体育館
㉞
〇〇駅
駅
㉟
大きい
㊱
親切な
㊲
好きである
㊳
学校へ行く
kind
teacher
go to school
gym
Japan
station
big
America
like
doctor
採点をして正しく書けた語数を入れよう！
語/38語
クリア!